A VOUS LE CHOIX!

MARGARET COULTHARD

M.A. (Oxon)

AUTHOR OF
'O' Level French Dictation
French Pictorial Composition
'A' Level French Dictation
Understanding French

HUTCHINSON OF LONDON

Hutchinson & Co. (Publishers) Ltd
3 Fitzroy Square, London W1

London Melbourne Sydney
Auckland Johannesburg and agencies
throughout the world

First published 1974
Third impression 1977
© Margaret Coulthard 1974
Illustrations © Hutchinson & Co. (Publishers) Ltd 1974

This book has been set in Monophoto Times
by Oliver Burridge Filmsettings Ltd, Crawley, Sussex,
printed in Great Britain by litho by The Anchor Press Ltd,
and bound by Wm Brendon & Son Ltd, both of Tiptree, Essex

ISBN 0 09 116981 X

ACKNOWLEDGEMENTS

Thanks are due to the following publishers for their kind permission to use extracts from copyright works. The name of the publishing firm is given at the end of each such extract.

Éditions Albin Michel; Basil Blackwell, Éditions Émile-Paul; Éditions Fleuve Noir; Éditions Gallimard; George G. Harrap and Company Limited; Éditions J'ai Lu; Methuen Educational Limited; Nelson, Éditeurs; Librairie Plon; Presses de la Cité.

I should like also to express my gratitude to Grace Barr, colleague and examiner, for her invaluable help in so many ways, particularly in connection with pre-testing the items; to Peter Edwards for his lively interpretation of my suggestions for the drawings; to Nesta King for her patient clerical assistance.

M.C.

CONTENTS

PREFACE

Multiple-choice items are not on their own a satisfactory means of teaching any foreign language. Nor should they ever be used as the only form of test.

Nevertheless I believe that it is important for students to have an opportunity to try out such tests since several G.C.E. and C.S.E. boards are now setting them as part of their examinations.

These tests have, moreover, a use which is not restricted to their dependability and their impersonality of assessment. In French, for example, the use of passages—of about 350 words in each—from well-written modern French novels or short stories, means that students are having to consider, in general and at times in detail, the sort of French which they might otherwise never attempt. With these tests the passages can be much harder than one would normally expect fifth-formers to attempt, and the range of vocabulary and idiom used can be much wider than in any other form of testing.

The items given in this book have a mixture of easy, moderately difficult and difficult questions, and all have been pre-tested for their usefulness. The questions are not merely factual, and the student at times is required to understand implications and form conclusions about events and people.

One of the most important skills students have to learn is comprehension and these multiple-choice tests are meant to demand an understanding of the gist of the material and also of the details in it. The use of passages and pictures with fifteen items on each does give an opportunity for testing considerable variety and depth of knowledge. A student could also test independently by means of these items his own standard and progress. Even though *A vous le choix!* is meant to be a testing rather than a teaching book, any student working through it would, I feel, not merely improve his skill in answering such items, but inevitably consolidate and, I hope, increase his knowledge of the French language.

M.C.

PROCEDURE

Multiple-choice objective tests are not really difficult if you think calmly and clearly and do not merely try to guess.

Each test consists of 15 items.

Each item has one question/statement or phrase, usually called the "stem", followed by five answers or phrases completing the original. These answers are usually called the "responses" and are labelled **A, B, C, D** and **E**. For each item you are required to choose the "key", that is to say the "response" you think most suitable. In class, you might be asked to write down one of the letters: **A, B, C, D** or **E**. In an examination the usual procedure is for candidates to be asked to put a ring round the particular letter chosen, and then the whole paper has usually to be returned to the examining board.

With the picture tests it is merely a matter of using a different kind of "stimulus", the picture(s) taking the place of the passage. In some cases there is a combination of picture and passage.

Before choosing any answer you should study carefully the whole of the text or the picture(s).

Do not worry if you do not understand every word.

Do not decide merely to guess.

Do not set out to create any special pattern of letters for your answers.

Work steadily through the questions in the order given, and for each item indicate your choice of only *one* answer.

It is just as vital in this type of test as in any other to study the French and/or the picture(s) in front of you, to decide sensibly which answers to choose and to check your final choice with the utmost care. Remember that for each item in each test there is only *one* completely suitable answer.

1 Dans le jardin

1 Cet incident amusant arrive
 A dans la rue
 B dans un jardinet
 C dans un potager
 D dans un jardin alpin
 E dans l'avenue

2 On dirait que Monsieur Jourdain, le père du petit garçon,
 A s'intéresse beaucoup à l'horticulture
 B n'aime pas cultiver les plantes
 C laisse tout faire à sa femme
 D s'occupe d'un jardin maraîcher
 E n'apprécie pas les belles fleurs

3 Monsieur Jourdain tourne le dos à sa femme parce qu'il
 A est fâché contre elle
 B décide d'allumer sa pipe
 C va lui cueillir des roses
 D veut travailler dans la serre
 E préfère jouer avec son fils

4 Le petit garçon se trouve
 A devant sa mère
 B près du robinet
 C derrière un buisson
 D dans la serre
 E au milieu d'un parterre

5 Madame Jourdain passe le temps à
 A admirer les fleurs
 B causer avec son fils
 C cueillir les légumes
 D se reposer un peu
 E tondre la pelouse

6 Où est-elle assise?
 A Sur la pelouse
 B Dans un fauteuil

C   Dans un transat
D   Sur un petit tabouret
E   Sur une table pliante

7   Qu'est-ce qu'elle est en train de faire?
A   Elle offre à boire à son mari
B   Elle écrit ses propres mémoires
C   Elle prend un coup de soleil
D   Elle fait un somme
E   Elle lit un magazine illustré

8   Où est son mari? Il se tient
A   sur le pas de la porte
B   sur le seuil de la maison
C   à l'entrée de la serre
D   devant la porte à claire-voie
E   près de l'arrêt de l'autobus

9   Il est occupé à examiner quelque chose qu'il tient à la main droite. C'est
A   un paquet de graines
B   un pot de fleurs
C   du raisin de serre
D   sa pipe favorite
E   un verre de limonade

10   Tout près de la serre on a fait installer un tuyau montant avec un robinet. Cela
     sert à
A   arroser les plates-bandes
B   asperger les invités
C   donner à boire aux oiseaux
D   rafraîchir la famille
E   doucher les enfants

11   Lorsque les visiteurs arrivent chez les Jourdain,
A   on leur fait bon accueil
B   Monsieur Jourdain les reçoit à bras ouverts
C   ils reçoivent un choc
D   on les saisit à bras-le-corps
E   Madame Jourdain leur offre une tasse de thé

12 La belle amie de Madame Jourdain est victime d'un petit accident. Qu'est-ce qui lui arrive?

    A Elle se heurte le pied contre un tournesol

    B Elle se laisse tomber dans un parterre d'œillets

    C Elle se fait écraser par un camion

    D Elle est trempée par un jet d'eau

    E Elle a le chapeau emporté par un coup de vent

13 La seule personne à s'amuser de l'incident, c'est

    A la dame chic

    B Monsieur Jourdain

    C le conducteur de l'autobus

    D le petit méchant

    E le mari de l'invitée

14 Que fait la maman du petit garçon?

    A Elle se tourne brusquement vers son mari

    B Elle se précipite pour fermer le robinet

    C Elle enlève ses lunettes pour mieux voir

    D Elle va chercher du jus d'orange

    E Elle attrape le chapeau de son amie

15 Lorsque les visiteurs ont fini de se plaindre,

    A le petit garçon doit se coucher tout de suite

    B les quatre grandes personnes se mettent à l'ombre

    C l'amie de Madame Jourdain la remercie du shampooing

    D le fils recommence encore de plus belle

    E Monsieur Jourdain prend ses jambes à son cou

2 Dans la rue

1 Cette scène se passe dans la rue d'une ville de France
   - A le dimanche
   - B samedi soir
   - C un jour ouvrable
   - D un jour de congé
   - E un jour de fête

2 L'agent de police est de service
   - A dans un chemin vicinal
   - B sur une autoroute
   - C à un carrefour
   - D sur la place du marché
   - E à un passage clouté

3 Au fond à gauche, le mot Vittelloise décrit
   - A un dancing
   - B une eau gazeuse
   - C un cabaret
   - D un vin pétillant
   - E une tisane

4 On est en train de construire
   - A une tour
   - B un supermarché
   - C une maison à deux étages
   - D un immeuble énorme
   - E un gratte-ciel

5 Le camion s'est arrêté près du trottoir, car
   - A il est en panne
   - B le conducteur est fatigué
   - C il y a un pneu de crevé
   - D il a perdu une roue
   - E il est trop grand pour passer

6 Le conducteur est descendu de sa cabine pour
   - A aller au chantier
   - B entasser les briques

C héler un taxi

D se dégourdir les jambes

E sortir ses outils

7 La vieille dame debout sur le balcon

    A chante un air d'opéra

    B brandit un torchon

    C fait signe à l'agent

    D donne à manger aux moineaux

    E salue les passants

8 Dans ces boutiques de quartier il est impossible d'acheter

    A des côtelettes de porc

    B des boîtes de cigares

    C des meubles

    D du beurre salé

    E du saucisson

9 Qui vient de sortir de la boucherie?

    A Le cycliste au maillot

    B Le maçon au casque

    C L'agent au bâton blanc

    D La veuve au chapeau de paille

    E Le gros ouvrier au béret

10 Le jeune homme à bicyclette, pourquoi ne gagne-t-il pas sa course?

    A Il est pris entre les traverses d'une échelle

    B Il ne file pas assez vite

    C Il a trop de choses à porter

    D Il s'arrête pour boire un coup

    E Il se trompe de route

11 Qu'est-ce qui arrive lorsque l'ouvrier à la salopette fait tourner sa longue échelle?

    A Il a un accès de vertige

    B Il laisse tomber ce qu'il porte

    C Il fait un entrechat

    D L'agent arrête la circulation

    E Chez le boucher, la vitre se brise

12 Pourquoi tous les légumes se trouvent-ils sur la chaussée?

    A   Ils ne sont plus mangeables

    B   On les donne aux pauvres

    C   On les a jetés par terre

    D   La vieille dame a été renversée

    E   Le marchand n'a pas d'étalage

13 L'agent de police, pourquoi fait-il la révérence?

    A   Il rend hommage à quelqu'un

    B   On l'a bousculé

    C   Il veut se faire agréable

    D   Il doit faire de la gymnastique

    E   Il essaie de se détendre

14 Le cycliste, pourquoi a-t-il un accident?

    A   Il freine trop fort

    B   Il ignore le bâton de l'agent

    C   Il n'a pas appris le code de la route

    D   Il a la vue basse

    E   Il n'a pas l'habitude de pédaler

15 La cause de tous les dégâts dans cette rue, c'est

    A   le dédain de la veuve

    B   la curiosité de la dame au balcon

    C   l'étourderie d'un ouvrier

    D   la distraction du conducteur

    E   la déception du cycliste

3 Dans les magasins

1 Madame Legrand aime à faire ses courses dans les boutiques du quartier, surtout chez Monsieur Brun, car
   - **A** son magasin est petit et mal éclairé
   - **B** le propriétaire et ses clients s'entendent bien
   - **C** son chat dort de préférence sur les lentilles
   - **D** on ne voit pas très bien ce qu'on y achète
   - **E** on n'a pas beaucoup de choix

2 A ce moment, Madame Legrand porte sous le bras
   - **A** son panier
   - **B** ses journaux
   - **C** ses flûtes
   - **D** son sac à main
   - **E** ses gants

3 Sur le comptoir, c'est un fouillis de marchandises. Madame Legrand y cherche en vain
   - **A** un fromage de chèvre
   - **B** un paquet de sucre
   - **C** son café préféré
   - **D** des sachets de thé
   - **E** un saucisson pur porc

4 Si elle veut faire sa lessive, Madame Legrand trouve ce dont elle a besoin
   - **A** au-dessus des saucissons
   - **B** à côté des fromages
   - **C** sur la balance du comptoir
   - **D** dans les sacs, sur le parquet
   - **E** sur le rayon le plus haut

5 Pendant que Madame Legrand achète ses provisions, son petit-fils Marcel
   - **A** met la main sous le comptoir
   - **B** se cache derrière les sacs
   - **C** essaie de saisir les œufs
   - **D** regarde sa grand-mère
   - **E** s'amuse dans le coin

6 Chantal, la sœur de Marcel, ne fait pas attention à son frère. Pourquoi pas?
   - **A** Elle veut caresser le chat

B C'est une fillette obéissante

C Elle tient les mains derrière le dos

D Elle s'intéresse à la conversation

E Elle n'a rien à dire

7 Monsieur Brun et Madame Legrand causent ensemble à propos

    A des prix élevés

    B des œufs cassés

    C du manque de denrées

    D des avantages du supermarché

    E des mérites du gouvernement

8 Monsieur Brun est sans doute

    A bienveillant

    B sévère

    C stupide

    D avare

    E généreux

9 C'est combien le riz?

    A Il coûte plus cher que le thé

    B Il coûte aussi cher que les lentilles

    C Il n'est pas à meilleur marché que le saucisson

    D Il coûte moins cher que le café

    E Il n'est pas à très bon marché

10 Quatre femmes se trouvent

    A au fond du magasin

    B près de la caisse

    C à côté des poissons

    D dans le chariot

    E devant un frigidaire

11 La jeune femme qui parle à la caissière est certainement

    A ménagère

    B vendeuse

    C demoiselle de magasin

    D bien pauvre

    E trop grande

12 Que fait la dame au chignon?
  A Elle refuse de payer cette fois
  B Elle a une queue de cheval
  C Elle pousse un petit chariot
  D Elle porte un panier chargé de provisions
  E Elle discute tous les prix

13 Qu'est-ce qu'elle va manger peut-être pour le dîner?
  A Du lard
  B Des bananes
  C Du bifteck
  D Du thon
  E Des saucisses

14 La dame qui se tient la deuxième dans la queue
  A a un petit chariot
  B porte des lunettes
  C pousse le chariot
  D n'a pas de panier
  E ne veut plus attendre

15 La dame a un chariot rempli de comestibles, car
  A elle n'a pas pu résister aux soldes
  B elle n'a pas de famille
  C elle ne veut pas acheter de tout
  D elle va offrir des choses à tout le monde
  E elle n'a pas beaucoup de connaissances

4 La place du marché

1 Dans ce petit port de mer on ne peut faire son marché que le matin. Maintenant le marché touche à sa fin, car

    A c'est l'heure du déjeuner

    B il fait un temps très chaud

    C un gendarme est arrivé sur la place

    D il est défendu de stationner

    E il ne reste rien à vendre

2 La plupart des marchands sont déjà partis, mais il y en a un qui essaie toujours d'attirer des clients. Lequel?

    A Un marchand de vin

    B Un poissonnier

    C Un marchand de volaille

    D Une marchande de fleurs

    E Un charcutier

3 Les clients hésitent à acheter les marchandises qui restent, car

    A ils aiment bien la volaille

    B le marchand est monté sur une sorte d'estrade

    C le marchand s'est installé devant la pharmacie

    D le poulet est trop maigre et la poule trop grosse

    E ils trouvent bizarres les habits du marchand

4 Pour acheter du pâté on entre

    A dans le premier magasin à droite

    B dans la boulangerie

    C dans le relais gastronomique

    D chez le pharmacien

    E chez le charcutier

5 Un vieux pauvre au manteau rapiécé

    A ramasse quelques légumes avariés

    B mendie son pain

    C cherche des mégots

    D joue aux boules

    E laisse tomber son chapeau

6 Le chien rebondi est content et remue la queue, car il a trouvé

    A une souris

B un os

C un rouget

D une mouette

E un biscuit de mer

7 La femme du boucher s'appuie à la balustrade du balcon pour

   A laver les vitres

   B appeler son mari

   C regarder la scène

   D chercher sa fille

   E fermer les persiennes

8 Les deux hommes qui sont en train de ranger leurs affaires dans la camionnette sont marchands de

   A fruits

   B légumes

   C poissons

   D fleurs

   E journaux

9 Devant le débit de vin le jeune homme

   A jette des arêtes de poisson

   B retrousse ses manches

   C se baisse pour ramasser des crabes

   D donne à manger au chat

   E soulève une enseigne

10 Tout en haut du clocher de l'église il y a

   A un toit en pente

   B une girouette en fer

   C un poteau télégraphique

   D un tuyau d'échappement

   E une antenne de réception

11 La marchande qui est assise sur une chaise pliante

   A porte un tablier à fleurs

   B arrose les plantes

   C cause avec une petite fille

D fait un petit somme

E fait ses comptes

12 Qu'est-ce qu'on voit sur la chaussée, tout près de l'arche?

    A Une deux chevaux

    B Un bateau à voiles

    C Trois goélands

    D Une file de voitures

    E La tour de l'église

13 Le bateau qu'on voit au-delà de l'arche

    A vient de passer devant le phare

    B a les voiles dégonflées

    C sera bientôt en pleine mer

    D se tient au large

    E rentre dans le port

14 L'auberge s'appelle l'Hôtel des Remparts, parce que

    A depuis trois siècles c'est un château fort

    B l'hôtel se trouve près des fortifications de la ville

    C les voyageurs d'autrefois y descendaient

    D la jetée protège la ville de la mer

    E la rue principale débouche dans le vieux port

15 Pourquoi l'Hôtel des Remparts est-il célèbre?

    A Le marché se trouve tout près

    B Il reste ouvert toute l'année

    C C'est un relais gastronomique

    D Il n'y a pas beaucoup de clients

    E On y trouve une cuisine bourgeoise

Les présentateurs de la télévision parlent d'habitude sans s'inquiéter, sans hésiter, sans se tromper. Monsieur Dubois, qui est présentateur depuis quatre ans, ne laisse guère voir les émotions qu'il éprouve, mais ce soir il n'a pas pu garder son sang-froid habituel. Sa nervosité était sans doute exagérée par l'atmosphère surchauffée du studio, mais on vient de lui passer un billet qui annonce qu'un léopard féroce s'est échappé du jardin zoologique tout près du studio. Ce léopard n'avait jamais fait de mal à personne; son plat habituel c'était un gigot de mouton; il mangeait toujours de bon appétit, mais une fois rassasié il s'endormait dans un coin; son gardien disait qu'il était alors docile comme un enfant. Tout irait bien si l'on avait sa viande favorite à lui offrir.

5 Le jardin zoologique

1 Une dame a emmené sa petite fille passer la journée au jardin zoologique. Qu'est-ce qu'elle porte sous le bras?

    A   Un petit sac de cacahuètes

    B   Deux flûtes de pain

    C   Un gros parapluie

    D   Un sac à main

    E   Un manteau long

2 Pourquoi le vieux monsieur offre-t-il des cacahuètes aux perroquets?

    A   Il les a achetées exprès

    B   Ils sont maigres à faire peur

    C   Ils vont s'envoler tout à l'heure

    D   Il voit l'éléphant qui arrive

    E   Il déteste tous les oiseaux

3 L'animal sauvage qui joue un rôle important dans cette histoire a

    A   une trompe rugueuse

    B   une seule bosse

    C   le cou long et rigide

    D   le pelage tacheté et des moustaches

    E   les pattes préhensiles

4 Qui a l'air furieux?

    A   Le léopard dans sa cage

    B   L'éléphant aux yeux malins

    C   Le pauvre gardien au képi

    D   La jeune fille au pantalon

    E   L'amateur d'oiseaux

5 Qui est en train de se balancer à l'envers?

    A   Le gardien

    B   Le vieux monsieur

    C   Le vautour

    D   Le léopard

    E   Le singe

6 Que fait Monsieur Dubois pour avoir de quoi vivre?

    A   Il vit de ses rentes

    B   Il peint des tableaux célèbres

C Il est dompteur d'animaux

D Il transmet des communiqués officiels

E Il est radiographe

7 Dans l'exercice de ses fonctions comme présentateur Monsieur Dubois

    A manque de pratique

    B se trompe souvent

    C reste presque toujours maître de soi

    D s'échauffe facilement

    E parle d'habitude d'une voix hésitante

8 Pourquoi Monsieur Dubois s'est-il montré un peu inquiet ce soir?

    A Il était timide par tempérament

    B Il avait une nouvelle effrayante à annoncer

    C Il s'était fait mal pendant l'après-midi

    D Il essayait de ne pas s'endormir

    E Il s'était trompé de bulletin

9 Le léopard allait se mettre dans un coin toutes les fois qu'il

    A avait envie de s'endormir

    B ne voulait voir personne

    C avait eu assez de spectateurs

    D avait bon appétit

    E avait bien mangé

10 Le léopard devenait sage comme un enfant quand

    A on venait lui parler

    B on lui donnait de la viande

    C on lui prenait son plat habituel

    D on s'approchait de sa cage

    E on lui faisait mal

11 La mère sourit en s'occupant dans la cuisine, mais quand elle se retournera elle aura bien des soucis car elle

    A a laissé tomber le plat

    B a entendu crier sa fille

    C regardera par la porte-fenêtre

    D n'a pas mis le couvert

    E a brûlé le rôti

12 Qu'est-ce qui sent bon?

    A   Le léopard féroce

    B   La cruche d'eau

    C   Le père de la famille

    D   Le gigot de mouton

    E   Le verre à vin

13 Pourquoi le léopard se trouve-t-il dans le jardin?

    A   On l'a mentionné à la télévision

    B   Il s'est échappé de sa cage

    C   La jeune fille l'a apprivoisé

    D   La mère l'a mis à la porte

    E   Le père a une ménagerie privée

14 La jeune fille jette un regard vers la cuisine parce qu'elle

    A   attend avec impatience le dîner

    B   a vu le léopard derrière elle

    C   s'est disputée avec son père

    D   est sur le point de s'éternuer

    E   a déjà fini de manger

15 La famille n'a pas couru de risque sérieux, car

    A   le père avait perdu son sang-froid habituel

    B   la porte de la cuisine était fermée

    C   le présentateur avait fait son annonce

    D   on avait fait cuire la viande à feu doux

    E   le gigot était le plat favori du léopard

6 La gare

1 Cette scène a lieu à l'endroit d'où les trains, composés de beaucoup de voitures, partent par tous les temps pour faire route vers leur destination lointaine. Cet endroit, c'est
  A une station de métro
  B une station météorologique
  C une gare routière
  D une gare de triage
  E une gare de grandes lignes

2 Le quai de la voie I est encombré de voyageurs et de bagages. Il y a plus de monde qu'on ne voit d'ordinaire ici, car le bruit a couru
  A que les écoles sont fermées
  B que le chef de gare est absent aujourd'hui
  C que tous les cheminots sont en grève
  D qu'une vedette de cinéma prend le train de nuit
  E que c'est la saison des vacances

3 L'actrice qui s'approche du train, en passant entre deux files d'admirateurs, a grand air dans son manteau de fourrure. Celui qui fait le cavalier, c'est
  A le chef de file
  B le chef de quart
  C le chef de gare
  D le chef de train
  E le chef de patrouille

4 On a étendu un tapis sur le quai de sorte que la vedette y marche sans douleur, chaussée de ses
  A souliers à talons hauts
  B savates préférées
  C souliers à semelles compensées
  D espadrilles de toile
  E souliers plats

5 Le monsieur qui est coiffé d'un chapeau haut de forme et qui fait l'important auprès de l'actrice, est sur le point de
  A prendre la laisse du caniche
  B baiser la main à la vedette
  C marcher sur le tapis d'honneur
  D fermer la portière d'un wagon-lit
  E monter dans un wagon-restaurant

6 La vedette ne se presse pas. Elle s'attarde tout près de la portière du wagon, car

    A   elle a envie de rester sur le tapis

    B   elle veut bien se faire photographier

    C   le train de nuit part de la gare

    D   elle sourit au groupe de fillettes qui l'adorent

    E   elle n'a pas vu tous les objets tomber sur le tapis

7 La dame qui est entourée d'une dizaine de fillettes a l'air peu content. Une enfant désagréable a l'air d'être encore plus mécontente que la dame. Cette fillette

    A   s'est mise tout près de la dame

    B   se tient debout en face de la dame

    C   porte avec peine sa valise

    D   s'est assise sur sa mallette

    E   écoute bien ce qu'on lui dit

8 Derrière ce groupe se trouvent deux photographes. Ceux-ci ne s'intéressent plus à l'actrice. Ils ont sans doute fini de la photographier. Ils se pressent parce qu'ils veulent

    A   faire développer tout de suite les photographies

    B   se cacher derrière la petite bande scolaire

    C   se hâter de retourner à l'atelier

    D   échapper à leurs collègues

    E   se donner le temps de prendre quelque chose au restaurant

9 Celle qui surveille les enfants est en train de

    A   les faire chanter

    B   leur annoncer des instructions

    C   lire un conte de fées

    D   noter les numéros des trains

    E   calculer le prix de leurs billets

10 Il y a des gens qui ne peuvent pas pénétrer à la consigne, car

    A   il n'y a pas de place devant la porte

    B   elle est fermée depuis dix jours

    C   tout le monde se trouve dans la salle d'attente

    D   il est défendu d'y laisser ses bagages

    E   elle est située sur le quai d'en face

11 On ne voit personne à la petite table en fer forgé, car

A les clients sont partis acclamer la vedette
B il fait trop chaud pour manger dehors
C le garçon de café a desservi la table
D on a enlevé le tarif
E les journalistes ont bu tout le vin

12 Le voyageur qui est déjà monté dans le train a baissé la vitre pour
A lancer des œillades à la surveillante
B crier "en voiture!" aux autres
C ramasser les vêtements éparpillés
D regarder tout ce qui se passe
E sauver le chat perché sur le chariot

13 Un voyageur qui porte un complet à chevrons descend sur le quai parce qu'il
A n'a pas remercié le porteur
B s'est trompé de gare
C est monté dans le mauvais train
D ne fait pas attention au chef de train
E veut mettre ses valises à la consigne

14 La mère de famille vêtue d'un manteau à carreaux a cinq enfants. Elle se tourne
vers son mari et lui dit:
A As-tu fermé la porte à clef?
B Quelque chose me tombe sur la tête
C Il nous faudra un wagon entier
D Nous aurions dû prendre l'avion
E Dis donc, chéri, où as-tu laissé notre cinquième?

15 Le mari lui répond, la cigarette aux lèvres:
A Tu sais que je ne suis pas fort en arithmétique
B Il n'a pas voulu quitter le marchand de glaces
C Il doit être dans le coffre de la voiture
D Si tu cries comme ça on va nous mettre à la porte
E Tu entends le défilé aérien

L'invention de l'automobile a complètement transformé la vie du vingtième siècle. Aujourd'hui il y a des milliers de cars qui assurent la liaison entre toutes les villes d'un pays. Autrefois si l'on demeurait dans un petit village éloigné du chemin de fer, on devait voyager à pied, à cheval ou sur une charrette pour dire bonjour à ses amis ou à ses parents. Les plages qui n'étaient pas desservies par la voie ferrée restaient heureusement désertes. C'est l'automobile qui devait permettre actuellement des tournées rapides dans des conditions confortables. Mais quelquefois on n'arrive pas plus vite qu'auparavant surtout pendant les grandes vacances quand tous les gens riches essaient de s'évader des rues affairées de Paris pour aller s'installer dans des stations balnéaires.

7 L'automobilisme

1 La vie moderne est complètement différente de celle du commencement du vingtième siècle, car aujourd'hui
  A il n'y a pas de relais
  B on ne voit plus de cavaliers
  C les autos roulent de plus en plus vite
  D on ne voyage que par le car
  E les villages ne sont plus éloignés l'un de l'autre

2 Beaucoup de gens pensent que la vie d'aujourd'hui est meilleure que celle d'autrefois, parce qu'on peut facilement
  A trouver des plages désertes
  B attendre des heures dans une gare
  C être en panne sur les autoroutes
  D filer à toute vitesse jusqu'à la côte
  E voyager dans un train bondé

3 Les inventions modernes cependant n'amènent pas toujours une amélioration. Si l'on veut quitter Paris pendant les grandes vacances,
  A on ne sait pas par où aller à un carrefour
  B les grandes artères sont pavées
  C les routes sont encombrées de voitures
  D on n'arrive qu'à des impasses
  E il n'y a que des auberges de jeunesse

4 Considérons la scène représentée dans la première image. Une file de voitures se dirige vers
  A l'océan Atlantique
  B le bassin parisien
  C le massif central
  D la mer Méditerranée
  E la côte basque

5 La deuxième voiture de la file, pourquoi tamponne-t-elle une autre?
  A Un agent a fait arrêter les autos
  B On creuse la route au moyen d'un excavateur
  C Le conducteur n'est pas pressé d'arriver à Nice
  D La première voiture s'arrête tout d'un coup
  E La portière de cette voiture est ouverte

6 Le conducteur de la première voiture ne sort pas sur la route pour voir si son auto est endommagée, car

    A il est trop fâché contre les cantonniers pour remarquer l'accident

    B sa femme s'est levée sur son siège pour crier à tue-tête

    C fatigué d'attendre, il s'est endormi

    D il se trouve assourdi à cause du vacarme

    E c'est une deux chevaux qu'il conduit

7 Les voitures font la queue sur

    A une route de ceinture

    B une route nationale

    C un chemin de traverse

    D un chemin vicinal

    E une route départementale

8 Tous les conducteurs font des gestes de furie, car

    A il n'y a plus d'essence

    B il faut rebrousser chemin

    C on doit faire marche arrière

    D c'est à peine si une voiture les croise

    E la route est barrée

9 Après avoir fait une trentaine de kilomètres les voyageurs sont toujours assez loin de leur destination et ils s'emportent de plus en plus, car

    A les conducteurs peuvent s'entretenir

    B il fait un temps superbe

    C une auto accroche la roue d'une autre

    D ils arrivent à un passage à niveau

    E on ne peut pas continuer tout droit

10 Plusieurs automobilistes crient à tue-tête

    A parce qu'il est défendu de klaxonner

    B parce qu'ils sont à bout de patience

    C parce que les moteurs ne chauffent pas

    D parce que l'agent dirige la circulation

    E parce qu'on ne voit pas de travaux sur la route

11 Ce qui fatigue les oreilles le plus, c'est

    A le crissement des freins

B le grincement des pneus

C le bruit continu des klaxons

D le bruit sourd des poids lourds

E la pétarade d'une motocyclette

12 Ce qui gêne la circulation pour la troisième fois, c'est

    A une route barrée

    B l'embouteillage dans un chemin de traverse

    C un accident à un rond-point

    D une voiture en panne

    E une déviation obligatoire

13 Tout le monde se plaint à cause de la chaleur et du délai, sauf une famille débrouillarde qui profite de l'occasion pour

    A faire un petit tour

    B prendre l'air

    C se promener de long en large

    D refaire les valises

    E faire un pique-nique

14 La mère de famille s'occupe

    A du pain

    B de l'essence

    C de l'eau

    D de sa coiffure

    E du moteur

15 Sur toutes les routes de France les conducteurs

    A s'emportent facilement

    B tiennent la droite

    C se trouvent en panne

    D conduisent trop vite

    E font résonner leurs klaxons

1 Cette image représente un accident qui arrive
    A dans une station navale
    B en Extrême-Orient
    C au beau milieu de la route
    D dans un petit port de pêche
    E en pleine mer

2 Il y a deux personnes qui gesticulent parce qu'elles ne peuvent pas partir en excursion. Si elles étaient arrivées à temps, elles auraient fait le voyage dans
    A un croiseur
    B un canot de sauvetage
    C un sous-marin
    D un bateau à rames
    E un bateau de plaisance

3 On sait que le petit port de Broc avait autrefois des habitants dont on était fier, parce qu'on voit
    A des officiers sur la passerelle du vapeur
    B un comité d'accueil qui attend sur le quai
    C un monument aux pêcheurs morts pour la patrie
    D des drapeaux attachés à la buvette
    E d'énormes antennes de télévision

4 Le conseil municipal essaie de transformer Broc en station balnéaire. Par conséquent on a affiché toutes sortes d'avis au public. Il est défendu, par exemple, de
    A pêcher à la ligne
    B plonger dans le port
    C s'étendre sur la plage
    D marcher sur la falaise
    E s'asseoir sur la jetée

5 Dans un des magasins du quai on voit un client qui est en train d'acheter
    A des pommes de terre
    B des fruits de mer
    C des choux à la crème
    D des côtelettes de porc
    E des bouteilles de vin

6 Il vaut mieux faire une promenade en bateau à voiles qu'en bateau à rames lorsque

   A le temps est à l'orage

   B le ciel est couvert

   C la mer est calme

   D il fait du tonnerre

   E la brise fraîchit un peu

7 Assis sur la jetée des pêcheurs passent l'après-midi à

   A attraper des poissons

   B raccommoder leurs filets

   C donner à manger aux mouettes

   D appareiller leur bateau

   E écouter les prévisions météorologiques

8 Pourquoi le bateau à voiles ne peut-il pas quitter le port?

   A Le bateau n'a pas de moteur hors bord

   B L'entrée est bloquée par un gros navire

   C Le paquebot a perdu son gouvernail

   D Le phare ne fonctionne plus

   E L'eau n'est pas assez profonde

9 Le monsieur qui porte un tablier à rayures lève la main en l'air et crie :

   A Jetez-moi l'ancre!

   B Vous avez de l'audace

   C Il y a bien de la place

   D Attention au quai!

   E Il est temps de s'embarquer

10 Les touristes qui veulent s'abriter contre le vent en prenant des rafraîchissements

   A visitent le petit restaurant normand

   B consultent le menu de la buvette

   C achètent quelque chose au magasin d'alimentation

   D s'en vont à la table d'orientation

   E font un pique-nique au bord de la mer

11 Deux excursionnistes, un gros sac de camping au dos, s'encouragent à faire l'ascension de la falaise. Qu'est-ce qu'ils se disent l'un à l'autre?

A —Il est difficile de monter par cette chaleur-ci.

—Nous aurions dû rester sur la plage.

B —Quand la marée montera, le gros vapeur pourra sans doute partir.

—Seulement à l'aide des remorqueurs.

C —On arrivera bientôt au sommet.

—Mais oui, et la vue vaudra bien la peine.

D —Dire que moi j'aime surtout la natation.

—Alors, si nous redescendions aux cabines de bains?

E —Je voudrais bien me reposer un peu.

—J'en ai assez, moi, de cette pente raide.

12 Dans le petit bateau qui ne peut pas entrer dans le port, le rameur

A salue d'un geste amical les passagers de l'Audace

B essaie de se protéger contre les mouettes

C donne la remorque au gros navire

D indique la route au pilote du vapeur

E soulève ses rames, saisi d'effroi

13 Le vieux marin qui se tient, les mains derrière le dos, tout près du phare

A prend un bain de soleil

B admire les estivants couchés sous le parasol

C regarde le rameur solitaire

D porte des bottes en caoutchouc

E fait un peu de gymnastique

14 Comment savez-vous que le capitaine s'est mis en colère?

A Il se bat avec un de ses officiers

B L'équipage entier est accoudé au bastingage

C Il lance l'amarre dans la direction du quai

D Il hurle: "En avant à toute vitesse!"

E Une fumée noire sort de la cheminée

15 Dans le petit port de Broc la plupart des touristes ont dû trouver les événements du jour

A désastreux

B fâcheux

C ennuyeux

D normaux

E tristes

9 A la ferme

1 Dans la cour de la ferme, où tout est tranquille, la fermière est en train de donner
à manger

    A   au coq

    B   à l'oie

    C   au taureau

    D   à la poule solitaire

    E   à la chèvre

2 Si le cheval a faim, il n'a qu'à se retourner pour prendre

    A   une demi-heure de repos

    B   la clef des champs

    C   du foin dans le râtelier

    D   de l'eau dans le baquet

    E   de l'avoine dans sa musette

3 Ni le cheval ni le taureau ne peuvent sortir en toute liberté, parce que

    A   la fermière s'inquiète d'avoir laissé sa porte ouverte

    B   les poules attendent leur part du maïs

    C   le battant inférieur de chaque porte est verrouillé

    D   le coq est perché sur la crête du mur

    E   tous les deux sont plus forts que la chèvre

4 Au milieu de la cour se trouve un vieux seau,

    A   que la chèvre va renverser

    B   dans lequel on puise de l'eau

    C   qui contient l'eau du puits

    D   dont l'anse est détachée

    E   d'où l'eau déborde

5 La chèvre est attachée

    A   au puits

    B   à un piquet

    C   près de la poule qui picore

    D   juste en face du cheval

    E   à la porcherie

6 Trois jeunes excursionnistes arrivent à l'insu de la fermière dans la cour de la
ferme. Qu'est-ce qu'ils font?

    A   Le jeune homme au béret ouvre les volets

B   Ils cherchent des œufs

C   Le jeune homme au bâton donne à manger aux porcs

D   La jeune fille caresse le cheval

E   Ils se hâtent de déposer leurs sacs

7   Le jeune homme au béret déverrouille la porte de l'étable, parce qu'il

    A   est curieux de voir ce qu'il y a dedans

    B   a envie de se reposer sur la paille

    C   a déjà vu le taureau

    D   entend chanter le coq

    E   est fatigué de porter son sac de camping

8   L'excursionniste au short noir

    A   s'entend bien avec le cheval

    B   gratte le dos à un porc

    C   entre dans le poulailler

    D   donne un coup de bâton à la chèvre

    E   chasse le chat qui s'éveille

9   La chèvre baisse la tête pour donner un coup de corne

    A   à l'excursionniste aux cheveux noirs

    B   au petit chat noir

    C   à l'amateur des cochons

    D   à celui qui porte une chemise à carreaux

    E   à la femme du fermier

10   Les deux gars portent des souliers à clous pour

    A   impressionner la jeune fille

    B   jouer au football

    C   se promener dans les prés

    D   traverser le passage clouté

    E   marcher sur les pentes raides

11   Le chat est à demi caché derrière

    A   une mangeoire

    B   un colombier

    C   une pompe

    D   un puits

    E   un abreuvoir

12 Par suite du coup de corne de la chèvre, l'amateur des cochons se trouve

    A   le nez buté contre la margelle du puits

    B   les pieds en l'air, parmi ses amis

    C   sur le toit de la porcherie

    D   repoussé dans un coin

    E   comme un coq en pâte

13 Le taureau sort en se précipitant pour

    A   retrouver la prairie

    B   entrer dans l'arène

    C   lancer en l'air le curieux

    D   mordre la poussière

    E   faire peur aux autres bêtes

14 Qui s'est réfugié dans l'écurie?

    A   Le chat

    B   Le coq

    C   La jeune excursionniste

    D   Le cheval

    E   La poule

15 Ce qui a provoqué cet incident, c'est

    A   l'étourderie du jeune homme

    B   la curiosité du chat

    C   la vanité de la jeune fille

    D   la stupidité de l'oie

    E   la timidité du cheval

10 Le camping

1 Les deux hommes, pourquoi viennent-ils à ce bureau à une heure avancée?

    A Ils aiment les promenades au clair de la lune

    B Ils sont toujours retardataires dans leur travail

    C Ils passent une nuit blanche

    D Ils ont l'intention de commettre un vol

    E Ce sont des gardiens de nuit

2 Le jeune homme qui se tient debout en écoutant son copain

    A n'a pas de lunettes

    B s'est déguisé en fonctionnaire d'état

    C porte une chemise à rayures

    D a une cravate noire

    E est coiffé d'un feutre mou

3 L'homme qui est accroupi devant le coffre-fort

    A fait un geste de désespoir

    B a la ceinture débouclée

    C porte un veston chic

    D noue ses lacets

    E allume une cigarette

4 Le cambrioleur a découpé la porte du coffre-fort au moyen

    A d'une clef

    B d'un ouvre-boîte

    C d'un chalumeau

    D d'un tire-bouchon

    E d'une pince

5 Les deux cambrioleurs, pourquoi portent-ils des gants?

    A On est en plein hiver

    B Pour ne pas se salir les doigts

    C Ils ont froid aux mains

    D Pour ne pas laisser d'empreintes digitales

    E Parce qu'ils ont des engelures

6 L'homme au pullover noir tient à la main gauche

    A une caisse pleine de billets de banque

    B une corbeille à papiers

        C   une lampe de poche
        D   un petit chalumeau
        E   une liasse de billets

7   Les cambrioleurs sont allés à la montagne pour
        A   enterrer la boîte compromettante
        B   pêcher dans la rivière
        C   faire un tour de la région
        D   rapporter du bois de chauffage
        E   se promener dans la forêt

8   Quelques mois plus tard, en plein été, la famille Duval se trouve par hasard au
    même endroit. On a décidé de
        A   chercher du bois
        B   coucher à la belle étoile
        C   faire du camping
        D   cueillir des noix
        E   faire des fouilles archéologiques

9   Monsieur Duval est assis
        A   du même côté que sa fille
        B   en face de sa femme
        C   le dos tourné au chien
        D   devant le feu
        E   à la droite de son fils

10 Pendant que les Duval bavardent autour de la table, leur caniche Azor
        A   demande à manger
        B   leur lèche les mains
        C   s'en va à la chasse
        D   a l'idée de déterrer un os
        E   s'étend à l'ombre

11 Azor continue à fouiller dans le sol, car
        A   il a une faim de loup
        B   il y voit déjà quelque chose d'intéressant
        C   c'est un chien policier
        D   il ne fait pas attention à la famille
        E   il est attaché à la laisse

44

12 Les Duval sont contents de leur chien, car il déterre

    A un vieil os

    B plusieurs pièces de monnaie

    C quelque fragments de poterie

    D une truffe noire

    E la caisse volée

13 La famille doit retourner tout de suite

    A à la maison

    B au bureau

    C au commissariat de police

    D chez les cambrioleurs

    E à la montagne

14 Monsieur Duval rend la caisse au gendarme et celui-ci lui dit :

    A C'est la caisse que nous cherchons depuis l'hiver

    B C'est la caisse qu'a perdue hier Monsieur le Commissaire

    C C'est le directeur du bureau qui a caché ces billets

    D C'est vous qui avez pris cet argent ?

    E Vous en faites don à l'orphelinat policier ?

15 Le commissaire, comment récompense-t-il Monsieur Duval ?

    A Il lui donne une poignée de main

    B Il lui remet un chèque de mille francs

    C Il félicite les enfants de leur courage

    D Il donne un os à son caniche

    E Il lui tend un permis de chasse gratuit

11

A peine sortions-nous par le portail, le grand Meaulnes et moi, que nous vîmes partir au trot deux individus encapuchonnés.

Meaulnes laissa tomber sa lanterne dans la neige, en me criant:

—Suis-moi, François!...

Et nous nous lançâmes à leur poursuite. Ils couraient régulièrement sans trop de hâte et nous n'avions pas de peine à les suivre...

Enfin ils s'engagèrent dans le chemin de la ferme abandonnée, et je criai à Meaulnes:

—Nous les tenons, c'est une impasse!

A vrai dire, c'étaient eux qui nous tenaient... Ils nous avaient conduits là où ils avaient voulu. Arrivés à la ferme, ils se retournèrent vers nous résolument et l'un d'eux lança le même coup de sifflet que nous avions déjà par deux fois entendu ce soir-là.

Aussitôt une dizaine de gars sortirent de la cour de la ferme où ils semblaient avoir été postés pour nous attendre. Ils étaient tous encapuchonnés, le visage enfoncé dans leur cache-nez... Il y avait Delouche, Denis, Giraudat et tous les autres. Nous reconnûmes dans la lutte leur façon de se battre et leurs voix entrecoupées... Mais il y avait là quelqu'un que nous ne connaissions pas et qui paraissait être le chef...

Il ne touchait pas Meaulnes: il regardait manœuvrer ses "soldats" qui s'acharnaient contre le grand gars essoufflé. Deux d'entre eux s'étaient occupés de moi, m'avaient immobilisé avec peine, car je me débattais comme un diable. J'étais par terre, les genoux pliés, assis sur les talons; on me tenait les bras joints par derrière, et je regardais la scène avec une intense curiosité mêlée d'effroi.

Meaulnes s'était débarrassé de quatre garçons en les jetant à toute volée dans la neige... Bien droit sur ses deux jambes, le personnage inconnu suivait avec intérêt, mais très calme, la bataille. Il avait, comme les autres, le visage enveloppé dans un cache-nez, mais lorsque Meaulnes, débarrassé de ses adversaires, s'avança vers lui, menaçant, il fit un mouvement qui découvrit un morceau de linge blanc qui lui enveloppait la tête à la façon d'un bandage.

C'est à ce moment que je criai à Meaulnes:

—Prends garde par derrière! Il y en a un autre.

Alain-Fournier: *Le Grand Meaulnes*, modified (Éditions Émile-Paul)

46

1   Une fois sortis, Meaulnes et François aperçurent
    A   des chevaux
    B   des moines
    C   des déguisés
    D   des camarades
    E   des cavaliers

2   Meaulnes laissa tomber sa lanterne afin de
    A   refermer la porte
    B   courir plus vite
    C   mettre son manteau
    D   monter à cheval
    E   balayer la neige

3   Meaulnes dit à François de
    A   se jeter dans la neige
    B   faire comme lui
    C   courir sans se presser
    D   le suivre
    E   s'en aller au trot

4   Les deux individus couraient
    A   très lentement
    B   à la poursuite de François
    C   de temps en temps
    D   avec peine
    E   d'un pas régulier

5   Pourquoi se dirigèrent-ils vers la ferme?
    A   Ils y avaient dressé une embuscade
    B   C'était une ferme abandonnée
    C   Ils ne connaissaient pas le chemin
    D   La ferme était située tout près
    E   Ils voulaient retourner chez eux

6   Pourquoi l'un d'eux lança-t-il un coup de sifflet?
    A   Pour se donner du courage
    B   Pour avertir toute la bande
    C   Pour faire peur aux deux camarades

D   Pour faire venir la police

E   Pour appeler son chien

7   Les gars qui sortirent de la cour, pourquoi portaient-ils tous un cache-nez?

A   Ils étaient âgés de dix ans

B   Ils s'étaient enrhumés

C   Ils ne voulaient pas être reconnus

D   Ils craignaient le froid

E   Ils attendaient depuis longtemps

8   François et Meaulnes reconnurent Delouche et ses camarades à

A   leur coup de sifflet

B   leur façon de battre

C   leurs capuchons

D   leurs cache-nez

E   leurs voix douces

9   Meaulnes fut attaqué par

A   deux gars ensemble

B   le chef de la bande

C   son ennemi Delouche

D   plusieurs "soldats" à la fois

E   toute la bande

10 Le chef de la bande

A   se battait avec ses "soldats"

B   s'occupait de François

C   se tenait à l'écart de la bataille

D   était à bout de souffle

E   défendait le grand Meaulnes

11 Au plus fort du combat François était

A   lâche

B   abattu

C   essoufflé

D   couché

E   captif

48

12 Comment François se montra-t-il fidèle à son ami Meaulnes?

    A Il se battit courageusement

    B Il plia les genoux

    C Il lui tendit la main

    D Il le défendit contre les autres

    E Il prit ses jambes à son cou

13 Meaulnes put résister à l'attaque en

    A s'enfuyant à toute vitesse

    B jetant ses adversaires dans la neige

    C donnant un coup de pied au chef

    D se tenant droit sur ses deux jambes

    E se retirant du combat

14 Lorsque François dit qu'il y en avait un autre, il faisait allusion à

    A un adversaire

    B un morceau de linge

    C un chef

    D un cache-nez

    E un chien de garde

15 La bataille avait commencé

    A dans la cour

    B à l'intérieur de la maison

    C devant le bureau de poste

    D près du portail

    E dans le chemin de la ferme

12

Maintenant, commence la comédie. Nous allons voir si je suis bon acteur. Je fais remonter le rideau de la fenêtre, je jette un regard dans la nuit. Le train va toujours aussi vite. J'abaisse la vitre, l'air glacé envahit d'un coup le compartiment. M. Marion relève le col de son veston. Il tient les yeux fixés sur moi, suit chacun de mes mouvements, comme un chat. Il s'étonne que je paraisse l'oublier. Je ne l'oublie d'ailleurs pas, mon revolver le prouve . . .

—Vous voulez absolument que j'attrape une fluxion de poitrine? demande ma victime à la fois grelottante et maussade.

Mon regard furieux lui répond que je me moque de sa santé. Je consulte ma montre de poignet . . . Je murmure:

—Neuf heures vingt.

Sans un mot, Marion se lève, prend dans le filet son manteau, le revêt, en relève le col. Puis il se coiffe de sa casquette . . . Puis, au bout d'un instant, il éclate:

—Vous avez du culot, quand même! Vous me volez cinq mille trois cents francs, et vous êtes encore là! Qu'est-ce que vous attendez? Fermez au moins la fenêtre!

—Vous la fermerez vous-même quand j'aurai sauté.

Ahuri, très sincèrement cette fois, il me considère des pieds à la tête. Je suis obligé d'ajouter:

—Eh bien, oui! quand je serai passé par là! Vous ne comprenez pas?

—Quand vous serez passé par là, répète-t-il d'une voix stupéfaite. A cent dix à l'heure?

—Non, lui dis-je, non, pas à cent dix à l'heure. Il y a des travaux avant Saint-Quentin, le train doit ralentir. Et c'est alors que j'aurai le plaisir de vous quitter. Même si vous tirez le signal d'alarme une fois que j'aurai sauté, le temps qu'on vienne vous demander vos raisons, je serai loin.

Mais le train ne ralentit pas. Soudain, des chocs précipités sous nos roues, des lumières brouillées à la fenêtre, tout cela en une seconde, et nous voici replongés dans la nuit. Je laisse échapper une exclamation.

—Saint-Quentin, apparemment, dit Marion, et son visage se tourne lentement vers le signal d'alarme . . .

Il ose éclater de rire:

—Vous êtes fait comme un rat, jeune homme!

Claude Aveline: *Voiture 7, Place 15*, modified (George G. Harrap and Co Ltd)

1 Cet incident se passe
    A dans un théâtre
    B dans un train
    C derrière un rideau
    D près d'un glacier
    E chez un vitrier

2 Après avoir fait remonter le rideau, le jeune homme
    A laisse tomber quelque chose
    B sort du compartiment
    C frotte la vitre
    D tire un coup de revolver
    E ouvre la fenêtre

3 Qu'est-ce qu'il tient à la main?
    A Un collier
    B Un programme
    C Un revolver
    D Un verre
    E Un veston

4 M. Marion, pourquoi relève-t-il le col de son veston?
    A Il y a un courant d'air froid
    B Il souffre de la grippe
    C Il a peur du chat
    D Il a oublié son pardessus
    E Il évite le regard du jeune homme

5 Le jeune homme se montre
    A négligent
    B prudent
    C peureux
    D chatouilleux
    E comique

6 M. Marion est évidemment
    A de mauvaise humeur
    B très reconnaissant

C à bout de souffle

D peu observateur

E sans soupçons

7 M. Marion grelotte, parce qu'il

A est furieux contre le jeune homme

B a attrapé une fluxion de poitrine

C vient de se réveiller

D a froid à cause de l'air glacé

E a vu le revolver

8 Comment le jeune homme répond-il à la question de M. Marion?

A Il lui prend la montre

B Il lui saisit le poignet

C Il lui lance un coup d'œil furieux

D Il demande l'heure qu'il est

E Il éclate de rire

9 M. Marion se lève pour

A mettre son manteau

B regarder l'horloge

C chercher son col

D se peigner les cheveux

E changer de vêtements

10 Le jeune homme, pourquoi a-t-il laissé la fenêtre ouverte?

A Il a décidé de prendre l'air

B Il a vraiment trop chaud

C Il veut renouveler l'air du compartiment

D Il a oublié de fermer la fenêtre

E Il a l'intention de descendre du train

11 M. Marion est stupéfait parce que le jeune homme va

A faire sauter le train

B prendre son vol

C lui laisser cent dix francs

D sauter par la fenêtre

E jeter l'argent volé

12 Le jeune homme croit que le train ralentira bientôt. Pourquoi?

    A Ce sera à cause des travaux

    B Quelqu'un va tirer le signal d'alarme

    C Le train fait cent dix kilomètres à l'heure

    D Le train ne pourra pas s'arrêter à la gare

    E On ne veut pas arriver en avance

13 Qu'est-ce qui est étonnant?

    A On ne voit pas de lumières

    B Quelqu'un se précipite dans le compartiment

    C Les roues tournent de plus en plus lentement

    D Le train ne ralentit pas au moment attendu

    E On tire le signal d'alarme

14 Pourquoi le bandit ne peut-il pas s'échapper en passant par la fenêtre?

    A Il n'aime pas plonger dans la nuit

    B On a crié au secours

    C Le train continue à rouler trop vite

    D Quelqu'un a fait éteindre les lampes

    E Il est défendu de descendre sur la voie

15 Le bandit ayant dû renoncer à son projet, Marion jette un regard sur

    A le jeune homme souriant

    B le signal d'alarme

    C la tête du rat

    D le quai de Saint-Quentin

    E la vitre brisée en éclats

13

En arrivant à la route qui séparait le Champ-Brûlé de sa maison, Honoré Haudouin posa sa faux sur le blé coupé et redressa sa haute taille dans la lumière ardente. La sueur collait sa chemise sur son dos . . . Honoré souleva son chapeau, et d'un revers de main essuya la sueur qui perlait à ses cheveux gris, coupés court. Regardant à sa gauche, il vit le facteur qui sortait de sa maison, la dernière du village sur le bord de la route.

"Déodat est prêt pour partir, songea-t-il. C'est quatre heures qui s'en vont déjà."

Honoré eut envie de boire frais et traversa la route. Dans la cuisine aux volets clos, il entendit sa femme qui frottait les dalles avec une brosse de chiendent. La pièce lui semblait fraîche comme une cave. Un moment, il demeura immobile, jouissant de la fraîcheur, et de cette obscurité qui reposait ses yeux de la lumière dure du soleil. Il ôta ses sabots pour rafraîchir ses pieds nus sur le carrelage. Du fond de la cuisine, monta une petite voix métallique, un peu essoufflée.

—Tout est sur la table, dit sa femme Adélaïde. Tu trouveras deux oignons épluchés à côté de la miche de pain. J'ai mis la bouteille à refroidir dans l'eau.

—Bon, dit-il. Mais qu'est-ce que tu fais de nettoyer la cuisine? On dirait qu'il n'y a pas de travail plus pressé à la maison.

—Sûrement qu'il y en a de plus pressé, mais si Ferdinand arrive demain avec sa femme et les enfants . . .

—Il n'ira pas regarder les dalles de la cuisine, qu'est-ce que tu me racontes?

—Il aime quand même à trouver la maison propre . . .

Honoré chercha le seau d'eau froide, y plongea les avant-bras et s'aspergea le visage. Puis il but à la bouteille jusqu'à perdre respiration. Sa soif apaisée, il apprécia plus librement la mauvaise qualité du breuvage, un mélange de vin âpre et d'infusion de feuilles.

—Ça ne risque pas que je me soûle, dit-il.

Il prit une tranche du pain rassis, alla s'asseoir sur le rebord de la fenêtre et commença de croquer un oignon.

Marcel Aymé: *La jument verte*, modified (Gallimard)

1 Honoré Haudouin venait de
   A traverser la route
   B faucher le blé
   C tailler la haie
   D labourer le champ
   E dresser la barrière

2 Évidemment il avait chaud, car il
   A avait posé sa faux
   B s'était redressé
   C transpirait beaucoup
   D avait coupé le blé
   E regardait la route

3 Honoré souleva son chapeau pour
   A s'essuyer le front
   B ôter sa chemise
   C couper ses cheveux
   D protéger ses yeux
   E mieux voir la route

4 A ce moment, le facteur Déodat
   A regardait à sa gauche
   B sortait de chez lui
   C revenait du village
   D se préparait à partir
   E quittait la maison d'Honoré

5 Honoré eut envie
   A d'ouvrir les volets de la cuisine
   B de se donner un coup de brosse
   C d'entendre la voix de sa femme
   D de marcher sur la route
   E de prendre quelque chose de frais

6 La femme d'Honoré, que faisait-elle à ce moment?
   A Elle faisait la cuisine
   B Elle jouissait de la fraîcheur de la cave

C   Elle nettoyait les dalles de la cuisine
D   Elle fermait les volets
E   Elle brossait un tapis

7   Arrivé à la maison, Honoré
A   ôta ses sabots avant d'entrer dans la cuisine
B   descendit à la cave sans hésiter
C   brossa ses habits de travail
D   entendit aboyer le chien
E   retira ses chaussettes pour reposer ses pieds

8   Pourquoi faisait-il frais dans la cuisine?
A   L'obscurité reposait les yeux
B   Mme Haudouin lavait les carreaux
C   Les volets étaient fermés
D   Les dalles étaient polies
E   Honoré y marchait nu-pieds

9   La femme d'Honoré avait la voix un peu essoufflée, car elle
A   venait de monter de la cave
B   frottait les dalles avec énergie
C   chantait en travaillant
D   était allée chercher de l'eau
E   était au fond de la cuisine

10 En préparant le casse-croûte, Adélaïde avait
A   nettoyé la cuisine
B   mis de l'eau dans la bouteille
C   mis la bouteille sous la table
D   épluché les oignons
E   apporté une grosse flûte de pain

11 Honoré demanda à sa femme
A   si elle était pressée
B   pourquoi elle lavait les dalles
C   quand Ferdinand devait arriver
D   si Ferdinand amènerait ses enfants
E   si les dalles étaient propres

12 Avant de se mettre à manger, Honoré

    A   remplit le seau d'eau froide

    B   alla plonger dans la rivière

    C   se lava le visage

    D   but de l'eau à la bouteille

    E   respira à pleins poumons

13 Honoré trouva la boisson

    A   délicieuse

    B   trop froide

    C   intolérable

    D   imbuvable

    E   peu agréable

14 Adélaïde, en bonne ménagère, avait sans doute fait ce mélange de vin et de tisane

    A   pour faire un tour à son mari

    B   parce que son mari buvait trop

    C   pour faire durer plus longtemps leur provision de vin

    D   parce qu'elle, elle ne buvait que de l'eau

    E   parce qu'elle pensait que cela ferait du bien à Honoré

15 Le pain qu'Honoré allait manger

    A   avait un goût d'oignon

    B   se trouvait sur le rebord de la fenêtre

    C   n'avait pas été coupé

    D   n'était plus frais

    E   était croustillant

14

Le paysage s'était modifié brusquement. Ils se trouvaient à présent en pleine montagne.

"Eh bien, dit Philippe, ai-je eu raison? N'est-ce pas plus beau, par ici?"

Jean hocha la tête. Il ne possédait son permis de conduire que depuis peu de temps, et ce chemin avait des tournants terriblement traîtres. A gauche se creusait un ravin. A droite c'était le rocher. Il y avait des moments où le bruit du moteur était couvert par celui d'un torrent dont on apercevait, au fond du ravin, la bondissante écume blanche.

"Eh bien? répéta Philippe.

—Ne me parle pas pendant les virages", murmura Jean, l'œil fixe.

Au bout d'une demi-heure, ils avaient atteint un plateau boisé où la route se fit moins sinueuse. Les traits de Jean se détendirent.

"C'est très beau, en effet, dit-il. Tu es souvent venu par ici?

—Trois fois, quatre fois, tant que ma grand-mère maternelle a habité Sousceyrac. Après, lorsqu'elle est venue habiter chez nous à Cahors et qu'il n'y a plus eu là-haut que ma tante Ernestine, avec qui mes parents étaient brouillés, je n'ai plus eu l'occasion d'y revenir. Je crois cependant que, tout à l'heure, je reconnaîtrai la maison . . . Il y a une allée de sapins qui y conduit . . .

—Et tu n'as jamais revu ta tante?

—Si, une fois, chez nous, quand ma grand-mère est morte. Ma tante était déjà en si mauvais termes avec nous qu'elle n'a même pas voulu descendre à la maison. Elle est restée à l'hôtel. Je la reverrai toujours: une petite femme mince, qui me paraissait vieille, vieille. Quand je pense qu'elle avait tout au plus quarante-cinq ans! Aujourd'hui, les femmes de cet âge, on les rencontre dans les dancings, déguisées en fillettes. La supériorité que possède sur elles la tante Ernestine, c'est, j'en suis certain, qu'après trente ans, elle n'a pas changé. Elle doit être aussi alerte que le jour où elle descendit l'escalier de notre maison, après l'ouverture du testament de ma grand-mère. Elle se retourna en disant que le seuil qu'elle était en train de franchir, elle ne le repasserait jamais. Elle a tenu parole.

Pierre Benoit: *Le déjeuner de Sousceyrac*, modified (Albin Michel)

1 Philippe et Jean se trouvaient sur un terrain
   A   aride
   B   montagneux
   C   marécageux
   D   uni
   E   poudreux

2 Les deux amis choisirent cette route parce que
   A   Jean venait de recevoir son permis
   B   c'était un chemin creux
   C   la pente était raide
   D   la gorge était étroite
   E   le paysage devait être impressionnant

3 De temps en temps on n'entendait plus le moteur
   A   à cause des chutes de pierres
   B   à cause du grondement du torrent
   C   à cause de la profondeur du ravin
   D   parce que Jean avait coupé le contact
   E   parce que les deux hommes criaient si fort

4 Pourquoi Jean dit-il à son ami de ne pas parler pendant les virages?
   A   Il aimait à écouter le torrent
   B   Il essayait d'entendre le bruit du moteur
   C   Il était fasciné par la beauté des vues
   D   Il devait fixer son attention sur la route
   E   Il avait de la peine à l'entendre

5 Que voyait-on au fond du ravin?
   A   Les eaux du torrent
   B   La blancheur des rochers
   C   Les flots de la mer
   D   Les chamois agiles
   E   Le rivage du lac

6 Au bout d'une demi-heure Philippe et Jean arrivèrent à
   A   un tournant traître
   B   un chemin en lacets

C un terrain plat

D un sentier boisé

E une route glissante

7 Pourquoi les traits de Jean se détendirent-ils?

   A Il trouva tellement beau le paysage

   B Il avait souvent visité cette région

   C Son ami connaissait bien le chemin

   D La route était moins tortueuse

   E Ils étaient arrivés au sommet

8 Philippe espérait arriver sous peu à

   A la maison de sa tante

   B sa maison paternelle

   C la maison de Jean

   D sa propre maison

   E la maison de sa grand-mère paternelle

9 Pourquoi croyait-il reconnaître la demeure?

   A Elle était entourée d'arbres

   B Le jardin était en désordre

   C Il fallait une heure pour y arriver

   D La maison tombait en ruines

   E Une avenue d'arbres s'étendait jusqu'à la porte

10 A l'enterrement de la grand-mère, la tante Ernestine était évidemment toujours brouillée avec les parents de Philippe, car elle

   A insista à passer la nuit chez elle

   B voulut rester chez son père

   C descendit à un hôtel

   D ne vint pas leur dire au revoir

   E refusa de suivre le cortège funèbre

11 Comment était la tante?

   A Elle avait plus de quarante-cinq ans

   B Elle était très vieille

   C Elle était de taille grande et mince

   D Elle paraissait vieille avant le temps

   E Elle était déguisée en fillette

12 Où passait-elle son temps?
    A Dans les dancings
    B Là-haut dans sa maison
    C Dans la ville de Cahors
    D Dans un hôtel
    E Chez des femmes de son âge

13 La tante avait passé chez les parents de Philippe pour
    A voir le reste de la famille
    B payer les frais funéraires
    C les remercier de leur hospitalité
    D assister à un repas familial
    E entendre lire les dernières volontés de sa mère

14 Après l'ouverture du testament, Ernestine
    A sortit en furie de la maison
    B monta jusqu'au premier étage
    C descendit l'escalier quatre à quatre
    D franchit d'un bond le seuil
    E s'en alla par le train

15 Lorsqu'elle descendit l'escalier de la maison de Cahors, la tante
    A fondit en larmes
    B dit adieu pour toujours
    C promit de revenir
    D dut sortir seule
    E partit à contre-cœur

15

Le brigadier Volkers, qui n'avait pris son poste à la gendarmerie de Génolhac que le mois précédent, n'était pas de bonne humeur: cette histoire d'incendie tombait juste sur son jour de repos, au moment tant attendu de se consacrer à sa collection de timbres . . . Il cria au gendarme Lucchetti:

"Allez me chercher le maire de Clerguemort!"

Le feu menaçait de ravager tout le vallon. Déjà il était passé d'un bond léger par-dessus le torrent à sec, au fond de la gorge. S'il franchissait l'autre crête, plus rien ne l'arrêterait, il fondrait sur les villages, les hameaux et les fermes qui donnent sur la vallée de la Cèze, et ses flammes de plus en plus longues grimpaient à mi-côte, sans ralentir. Il occupait déjà la crête dominant Clerguemort.

Le brigadier Volkers vit se dresser devant lui un homme vigoureux, noir de suie, brillant de sueur, une jambe du pantalon brûlée, une énorme hache passée sur l'épaule.

"Qui êtes-vous?

—Jaurès . . . le maire de Clerguemort.

—Ah! . . . eh bien, monsieur le maire! tout se passe en dépit du bon sens ici! Là-haut, où le feu est déjà en vue de votre village, il n'y a personne pour l'arrêter! tout votre monde est là-bas . . . Vous m'entendez, monsieur le maire?"

Le maire dressa l'oreille, par côté, longuement, mouilla un doigt, le tendit au ciel . . . Il jeta un seul regard au brigadier et partit en criant à tue-tête.

"Il est complètement fou, Lucchetti!

—Oh! vous savez, brigadier, c'est qu'il écoutait le vent. Vous voyez ces hommes qui remontent de ce creux là-bas?

—Ce creux plein de flammes?

—Exactement, brigadier, et si le maire n'était pas allé les avertir que le vent tournait, ces hommes seraient encore dans ce trou.

—Ce que je ne comprends pas, murmura Volkers, c'est qu'ils laissent faire le feu sur cette crête-là, juste au-dessus de leur village?

—Par là, le feu ne peut aller plus loin . . . il n'y a que de la rocaille sur plusieurs centaines de mètres de large, sans même un brin d'herbe, tandis que si le feu passe par là où ils sont, rien ne l'arrêtera avant qu'il ait ravagé trois communes . . ."

Jean-Pierre Chabrol: *Les Rebelles*, modified (Librairie Plon)

1 Volkers, quelle sorte de travail faisait-il?
   A Il faisait son service militaire
   B Il était maire du village
   C Il n'avait pas de poste
   D Il faisait la distribution des lettres
   E Il était brigadier dans la gendarmerie

2 Pourquoi n'était-il pas de bonne humeur ce jour-là?
   A Il était toujours irritable
   B On l'avait dérangé sur son jour de repos
   C Il ne pouvait pas aller à la poste
   D On l'avait empêché de s'endormir
   E Il se consacrait à son travail

3 Qu'est-ce qui arriva pour vexer le brigadier?
   A Il y eut un incendie
   B Le gendarme prit un jour de congé
   C Lucchetti dut aller à l'église
   D On inventa une histoire effrayante
   E Il fut accusé d'injustice

4 Le brigadier envoya chercher le maire de Clerguemort, parce qu'il voulait
   A le féliciter
   B le menacer
   C l'emprisonner
   D l'interroger
   E l'arrêter

5 Pourquoi le feu menaçait-il tout le vallon?
   A Il avait déjà gagné le fond de la gorge
   B Personne n'essayait de l'éteindre
   C Il n'y avait pas d'eau dans la rivière
   D Le maire ne s'occupait pas de l'incendie
   E On ne pouvait pas traverser le torrent

6 Le feu s'était étendu
   A jusqu'aux fermes
   B dans les villages

    C   dans la vallée de la Cèze

    D   jusqu'à mi-côte de la montagne

    E   de l'autre côté de la crête

7 Qui vint voir le brigadier?

    A   Le maire de Clerguemort

    B   Un gymnaste

    C   Un homme bien vêtu

    D   Le sergent

    E   Un alpiniste

8 Jaurès était

    A   un bûcheron solide

    B   un mutilé de guerre

    C   un skieur célèbre

    D   un athlète blessé

    E   un homme fort

9 Jaurès portait à l'épaule

    A   sa lampe

    B   un habit noir

    C   une cognée

    D   un jambon

    E   sa sœur

10 De quoi le brigadier se plaignait-il?

    A   Tout était sens dessus dessous dans la gendarmerie

    B   Il n'y avait pas de gendarme pour arrêter le brigand

    C   Personne n'était arrivé pour l'aider

    D   Tous les villageois étaient sur la crête

    E   On n'empêchait pas le feu de s'approcher de Clerguemort

11 Le maire fit attention

    A   à ce que disait le brigadier

    B   aux cris des villageois

    C   au bruit des flammes

    D   à la direction du vent

    E   à la pluie qui tombait

12 Jaurès avait du courage, car il
    A alla avertir les hommes dans le trou
    B écouta pendant longtemps
    C leva les bras en l'air
    D remercia Dieu de l'avoir sauvé
    E était presque fou de douleur

13 Si Jaurès n'avait pas reconnu le changement du vent,
    A le brigadier n'aurait pas vu les blessés
    B les hommes n'auraient pu sortir du trou
    C le feu aurait détruit toutes les maisons
    D les villageois auraient été tous dans le vallon
    E on n'aurait pas pu s'échapper du moulin

14 Pourquoi le feu ne pouvait-il aller plus loin?
    A On avait fait les foins
    B Il n'y avait rien de combustible
    C Le terrain était trop large
    D On avait posé des rochers sur la crête
    E Il y avait des centaines d'obstacles

15 Qu'est-ce que ces gens courageux firent pour le bien public?
    A Ils aidèrent le brigadier à monter jusqu'à la crête
    B Ils empêchèrent une chute de pierres
    C Ils sauvèrent la vie à beaucoup de personnes
    D Ils firent feu sur l'ennemi
    E Ils abattirent les incendiaires

16

Quand il se maria, Combes habitait encore à la montagne dans la maison de berger que lui avait laissée son père. Il ne l'aurait jamais abandonnée si les travaux de la grande route ne l'avaient attiré dans la vallée ... Vers la fin d'avril, il quitta sa bergerie et vint s'installer avec sa femme au premier étage d'une vieille maison silencieuse de la rue Haute-du-Pont, au quartier de la Condamine. Tout d'abord, il laissa quelques meubles à son ancienne demeure, mais, peu de temps après, il les descendit à la Condamine, abandonnant la bergerie où il ne remonta plus que les dimanches pour soigner les vignes ...

Anna ne regretta jamais la bergerie ... Depuis des années, sans avoir eu besoin de réfléchir ou de comparer, elle avait le désir d'aller vivre à la ville.

C'est elle qui avait décidé Combes à descendre habiter à la Condamine.

"Si tu ne vas pas travailler à la route," disait-elle, "nous ne mettrons jamais un sou devant l'autre,"

"Eh bien", répondait Combes, "j'irai travailler à la route, mais pourquoi irions-nous vivre à la ville?"

"Si nous restons ici, tu ne pourras pas remonter chaque soir, il te faudra manger à la cantine et perdre la moitié de ta paye ... tandis qu'à la ville, je te préparerai tous les repas ... et, de mon côté, je trouverai peut-être un travail."

Anna fut donc heureuse, comme au jour des noces, quand elle descendit à la Condamine, pour toujours, avec les meubles sur la charrette et les deux chèvres attachées derrière qui se faisaient traîner en raidissant les pattes.

A la rue Haute-du-Pont, elle était encore comme à la campagne, avec un grand jardin qui descendait sur la rivière entre un escalier de laveuses et un mur de pierres grises chargé de vignes derrière lequel commençaient des vergers et des prairies.

Dans ce quartier, le plus solitaire de la ville, tous les habitants vivaient pauvrement, mais avec une sécurité que rendaient chaque jour plus grande le travail et l'économie.

Ces familles d'artisans, d'ouvriers restés cultivateurs, de boutiquiers devenus propriétaires, donnaient à Anna le spectacle de l'abondance et du bonheur.

André Chamson: *Les Hommes de la Route*, modified (George G. Harrap and Co Ltd)

1 Le père de Combes
   A avait quitté la montagne
   B avait été berger de montagne
   C avait abandonné sa maison
   D était descendu dans la vallée
   E était toujours en vie

2 Combes quitta la bergerie
   A lorsqu'il se maria
   B quand son père mourut
   C au mois d'avril
   D sans regret
   E sans sa femme

3 Pour se rendre chez Combes, il fallait
   A contourner la bergerie
   B prendre l'autoroute
   C passer sous un pont
   D monter un escalier
   E traverser des vignes

4 Après avoir quitté la bergerie, Combes y remonta
   A tous les matins
   B une fois par semaine
   C tous les ans
   D très rarement
   E tous les soirs

5 Combes, pourquoi quitta-t-il sa petite demeure de montagne?
   A Pour pouvoir la vendre
   B Pour faire plaisir à sa femme
   C Pour y laisser le mobilier
   D Il préférait vivre à la ville
   E Il n'y avait plus de vignes là-haut

6 Depuis des années, la femme de Combes
   A regrettait la bergerie
   B comparait les prix

C   vivait seule à la montagne

D   avait envie de vivre à la ville

E   mettait de l'argent de côté

7   Anna dit à son mari qu'il devrait aller travailler à la grande route, car

   A   les repas de cantine étaient bons

   B   il allait perdre la moitié de sa paye

   C   ils n'avaient pas assez d'argent

   D   il ne pourrait pas remonter à la bergerie

   E   elle allait travailler à côté de lui

8   Pour avoir du lait là-haut sur la montagne, Combes

   A   en montait chaque soir de la cantine

   B   envoyait sa femme à la ville

   C   gardait une vache

   D   le payait cher

   E   devait traire ses chèvres

9   On descendit les meubles de la bergerie

   A   sur une voiture à deux roues

   B   en les traînant derrière les chèvres

   C   tous à la fois

   D   en les attachant derrière la charrette

   E   sans faire attention à la route

10   Descendue à la Condamine, Anna se sentit

   A   mal à l'aise

   B   bien contente

   C   surmenée de travail

   D   trop solitaire

   E   peu confiante

11   A la rue Haute-du-Pont, le mur de pierres

   A   était en face de l'escalier des laveuses

   B   longeait la rivière

   C   entourait complètement le jardin

   D   était trop petit pour supporter des vignes

   E   faisait partie de la maison

12 L'escalier, derrière la maison,
    A   divisait le jardin en deux parties
    B   descendait jusqu'à la rivière
    C   était un escalier privé
    D   se trouvait près des vergers
    E   montait jusqu'au toit

13 A la rivière, près du jardin de la maison où habitaient Combes et sa femme, les
    ménagères
    A   allaient se promener en bateau
    B   pêchaient à la ligne
    C   prenaient des bains de soleil
    D   donnaient à manger aux canards
    E   se servaient du lavoir

14 Les habitants du quartier de la Condamine
    A   menaient une vie de luxe
    B   dépensaient beaucoup d'argent
    C   étaient peu travailleurs
    D   gagnaient un gros salaire
    E   avaient confiance dans l'avenir

15 Anna aimait bien sa nouvelle demeure, car les familles du quartier où elle se
    trouvait
    A   étaient moins riches qu'elle
    B   avaient l'air prospère et content
    C   faisaient le jardinage
    D   travaillaient bien pour elle
    E   lui donnaient des légumes

17

A vingt ans, Pascal Arthez quittait sa maison provençale, la tête pleine de rêves, et venait à Paris, de l'or dans ses poches, et beau d'une idéale beauté: les cheveux longs, noirs, encadrant un visage maigre où flamboyaient deux yeux électriques. Arthez pouvait être heureux, calme, menant à Paris la vie facile du jeune homme élégant, reçu partout, partout accueilli . . . Arthez renonça à tout cela.

Souvent, après un bal, rentrant seul chez lui, debout devant une blanche statue de la Liberté, il se mettait à rêver, laissant envoler par la fenêtre ouverte des mots magiques et éclatants comme des coups de clairon:

—Liberté! . . . Bonheur pour tous! . . . République!

Il se jeta dans le mouvement républicain avec une ardeur vaillante: il donna tout à la cause de tous, sa jeunesse et sa fortune, et s'étant mêlé à tous les dangers, il connut toutes les prisons.

Il regrettait parfois d'être captif, non pour lui, mais pour ses pauvres. Médecin, et tout jeune, déjà médecin illustre, Pascal Arthez s'était fait le médecin de ceux qui n'ont rien.

Il avait une façon de les obliger à se faire soigner faite de douceur irrésistible et d'une sorte de fermeté impérative qui lui allait bien.

Il payait les médicaments de son propre argent, forçait ainsi les malades à suivre le régime prescrit, et quand on le remerciait:

—Allons donc! s'écriait-il en haussant les épaules, l'obligé, c'est moi. Je fais des expériences sur vous, vous ne le voyez donc pas? Seulement, au lieu de vous tuer, je vous guéris, voilà tout!

En prison, il soignait ses amis . . . Redevenu libre, Pascal Arthez reprit sa vie de dévouement à la cause des humbles.

Il n'était plus riche, ayant tout donné; il n'était plus jeune, ayant usé sa vie dans la prison; mais on ne s'apercevait ni de l'âge ni de la pauvreté en lui, et il avait toujours pour ses malades un encouragement sur les lèvres et une pièce de monnaie dans la main.

—Point de charité, disait-il, je ne donne pas, je prête. Vous me rendrez cela aux jours de travail et de santé . . .

Et, en effet, on lui rendait.

Jules Claretie: *Le Petit Jacques*, modified (Nelson, Éditeurs)

1   Qu'est-ce qu'on apprend à l'égard de Pascal Arthez?
    A   Il naquit à Paris
    B   Il était électricien
    C   Il était d'origine provençale
    D   Il aimait le luxe
    E   Il vivait dans la haute société

2   Comment était ce jeune homme?
    A   Il avait les yeux vifs
    B   Il était grand et gros
    C   Il avait le visage rond
    D   Il avait les cheveux d'or
    E   Il portait la barbe

3   Arthez était venu à Paris dans l'intention de
    A   devenir riche
    B   se faire médecin
    C   s'amuser follement
    D   passer des années paisibles
    E   se procurer des vêtements élégants

4   C'était un jeune homme
    A   triste
    B   désagréable
    C   calme
    D   enthousiaste
    E   timide

5   Il renonça à une vie de plaisir, parce qu'il
    A   n'était plus beau
    B   était malheureux
    C   voulait faire des études
    D   avait perdu tout son argent
    E   ne recevait pas d'invitations

6   Que faisait-il souvent après un bal?
    A   Il jetait par la fenêtre des brochures de propagande
    B   Il jouait avec ferveur du clairon

    C   Il ramenait des amis républicains chez lui

    D   Il allait en ville regarder la statue de la Liberté

    E   Il rêvait à une vie heureuse pour tout le monde

7 Ses idées étaient par-dessus tout pratiques, car

    A   il y consacra sa vie et son argent

    B   il ignorait tous les dangers

    C   il restait debout devant la statue de la Liberté

    D   il était souvent emprisonné

    E   il faisait souvent des discours politiques

8 Pourquoi faisait-il de la politique?

    A   Il voulait devenir un médecin célèbre

    B   Il cherchait le meilleur moyen de faire fortune

    C   Il essayait de plaire à ses amis riches

    D   Il préférait un régime républicain

    E   Il aspirait à la popularité

9 Pourquoi regrettait-il parfois d'être en prison?

    A   Il connaissait bien les prisons

    B   Il y avait tant de risques à courir

    C   Ses clients pauvres ne pouvaient plus le consulter

    D   Il aimait à vivre dans l'aisance

    E   Sa réputation de médecin illustre en souffrait

10 Arthez se fit surtout le médecin

    A   des prisonniers

    B   des humbles

    C   des riches

    D   des révolutionnaires

    E   des jeunes gens

11 Comment obligeait-il ses malades à se faire soigner?

    A   Il leur faisait payer les médicaments

    B   Il menaçait de les tuer

    C   Il leur parlait d'une voix irritée

    D   Il s'en allait, l'air indifférent

    E   Il payait lui-même les remèdes

12 Lorsque ses malades lui exprimaient leurs remerciements,

    A   il leur demandait s'ils étaient aveugles

    B   il disait qu'il devrait lui-même remercier les malades

    C   il les grondait longuement à haute voix

    D   il leur donnait un coup d'épaule

    E   il les obligeait à faire des expériences

13 Toutes les fois qu'il était en prison, Arthez

    A   s'occupait de ses camarades

    B   causait avec des libérés

    C   essayait de s'évader

    D   faisait ses dévotions

    E   se repentait de sa vie passée

14 Qu'est-ce qu'on remarquait chez Arthez après sa libération?

    A   Sa misère

    B   Sa vieillesse

    C   Sa dégéneration

    D   Sa fatigue

    E   Sa bienveillance

15 Comment est-ce qu'il aidait ses malades?

    A   Il les obligeait à tendre la main

    B   Il les installait dans une maison de santé

    C   Il les encourageait à retrouver l'indépendance

    D   Il leur conseillait de se rendre au destin

    E   Il leur faisait la charité

18

Vers le milieu de l'après-midi, ils quittèrent la terrasse du café pour aller se promener. Pierre Duthil avait emporté son "guide bleu". Il le consulta et, sous ses directives, sa famille se mit en marche, passa sous la tour de l'horloge et déboucha dans une étroite rue pleine de magasins. Les deux femmes furent aussitôt enchantées par les boutiques de lingerie, de linge de table, de joaillerie. Elles admiraient surtout les nappes et napperons en dentelle, se promirent d'en acheter, "s'il nous reste des sous à la fin du séjour". Danièle désirait aussi un chemisier sans manche, très moderne de coupe, mais auquel la délicatesse de la dentelle conférait un cachet d'ancienneté. Malheureusement, c'était un ouvrage fait à la main, il coûtait assez cher. Patrick s'intéressait aux objets en or: bagues, bracelets-montres, pendentifs, chaînettes; il comparait leurs prix à ceux de France. Un certain pendentif lui plaisait particulièrement.

—Tu ne le porterais pas, tout de même? dit son père sur un ton affable.

—Pourquoi pas? C'est la mode. Tous les hippies en portent.

—Avec ta vareuse Mao, dit sa sœur Danièle, ce serait rudement chic.

—Non, vraiment, tu porterais ce pendentif? demanda Pierre, incrédule.

—Bien sûr. Beaucoup de types en portent, au lycée. Porter des bijoux, aujourd'hui, ne veut plus dire qu'on est efféminé.

—Tu n'as qu'à voir dans le passé, dit Danièle. Les hommes portaient des colliers et des bracelets, et les cheveux longs, et des habits aussi beaux que ceux des femmes.

—C'est vrai, convint Pierre. Jusqu'à la Révolution française, en effet . . . Mais au XXe siècle . . . Enfin, vous avez sans doute raison. Et vous, les filles, ça vous plaît que les garçons soient attifés ainsi?

—Et comment! C'est très joli, papa, dit Danièle.

—Dans ce cas . . . dit Pierre, vaincu.

Le spectacle de la rue les divertit. Le va-et-vient, les éclats de voix, les gestes, les boutiques dans la pénombre, évoquaient l'orient. Pierre rappela que Venise avait longtemps commercé avec Constantinople.

—En tout cas, dit-il, toute cette abondance fait plaisir à voir . . . . Le pays est prospère.

—Il faudrait demander aux chômeurs du Sud ce qu'ils en pensent, dit Patrick.

Jean-Louis Curtis: *Le thé sous les cyprès*, modified (Éditions: J'ai Lu)

1   La famille Duthil voulait
    A   se mettre à une terrasse de café
    B   consulter un guide
    C   faire la visite de la tour
    D   aller au marché municipal
    E   courir les magasins

2   Le père de la famille
    A   connaissait très bien la ville
    B   se renseigna au syndicat d'initiative
    C   devait entrer dans une horlogerie
    D   ouvrit son propre guide
    E   avait passé toute l'après-midi au café

3   Ce qui plaisait le plus à Danièle et à sa mère, c'était
    A   les magasins de luxe
    B   les articles en dentelle
    C   les boutiques de joaillerie
    D   l'ancienneté de la rue
    E   les services de table

4   A la fin des vacances les deux femmes emporteraient chez elles du linge de table exquis,
    A   car on leur en avait promis
    B   puisqu'elles en avaient acheté
    C   s'il leur restait assez d'argent
    D   s'il y en avait dans les magasins
    E   si elles pouvaient en trouver

5   Le vêtement que désirait Danièle
    A   avait les manches courtes
    B   était à l'ancienne mode
    C   était caché sous des napperons
    D   avait l'air moderne
    E   était à bon marché

6   Danièle admirait le chemisier parce que
    A   les couleurs étaient délicates
    B   la dentelle était démodée

C c'était un habit tout fait

D le prix en était élevé

E c'était un mélange de l'ancien et du moderne

7 Patrick avait un penchant pour

A les chemises

B la dentelle

C la joaillerie

D les coupes

E les pendules

8 En regardant les objets en or Patrick remarqua surtout

A le prix

B l'ancienneté

C la délicatesse

D le travail

E le métal

9 Le bijou qu'il admirait le plus, on le porte suspendu

A au poignet

B à la cheville

C à la tête

D au bras

E au cou

10 Patrick aurait aimé à avoir le pendentif qu'il admirait, parce que

A son père en avait le pareil

B c'était la mode d'en porter

C lui, c'était un excentrique

D la couleur était attrayante

E le vendeur lui faisait un bon prix

11 On sait que Patrick a des idées socialistes, car il porte

A une vareuse Mao

B les cheveux longs

C des habits chics

D des colliers coûteux

E des bagues en or

12 Le père de Patrick croyait que les garçons qui portaient de la joaillerie étaient

A chics

B affables

C efféminés

D incrédules

E impolis

13 Qu'est-ce qui divertit les touristes français?

A La foule de révolutionnaires

B La lumière éclatante de l'orient

C La sobriété des boutiquiers

D La vie animée de la rue

E Le costume exagéré des garçons de café

14 La famille faisait un séjour

A à Constantinople

B en France

C dans le Midi

D en Chine

E en Italie

15 Les chômeurs sont ceux qui

A dépensent trop d'argent

B se trouvent sans emploi

C font le commerce

D travaillent à domicile

E sont prospères

19

Midi et soir, en rentrant de l'école de la rue Desprez, je m'arrêtais chez la concierge . . .
"Non, non, me disait-elle, rien pour Pasquier." Les jours de vacance, si je jugeais
passée l'heure d'une distribution, je descendais furtivement, sur la pointe des pieds.
Je savais, dès cet âge tendre, que le courrier de la province arrive souvent l'après-midi.
Parfois, j'apercevais Mme Tesson dans la cour, en train de brosser des vêtements ou
de faire la causette. Je lui disais: "Rien pour nous?" Elle haussait les épaules: "Deux
ou trois papiers, peut-être bien."—"Mais des lettres?"—"Peut-être bien une lettre.
Je vais voir ça tout à l'heure."—"C'est, murmurais-je en rougissant, que nous atten-
dons une lettre, une lettre qui viendrait du Havre." Mme Tesson finit par se rappeler
le mot et, en me voyant passer, elle disait, l'air bourru: "Monte seulement, mon petit
Laurent. Encore rien du Havre aujourd'hui."

Un soir, au début de l'hiver, en revenant de l'école, j'eus comme un éblouissement.
La concierge devait être en course: sa porte était fermée. A travers la vitre, j'apercevais
la petite table sur laquelle on entreposait le courrier des locataires. La nuit tombait
déjà. La loge était fort sombre. Le bec de gaz du vestibule laissait tomber un rayon
dansant sur les lettres éparses et je vis que l'une des lettres portait notre nom:
Pasquier. C'était une enveloppe blanche, de format commercial. Dans l'angle, on
distinguait deux ou trois lignes imprimées. En écrasant mon nez sur la vitre, je finis
par distinguer: *Étude* . . . mot qui commençait de me signifier quelque chose. Et, plus
bas, un autre mot, le mot magique, le mot Havre.

Je sentis mon cœur sauter comme un chevreau. Mon frère Ferdinand n'était point
de retour: il préparait le certificat d'études, et suivait un petit cours supplémentaire.
Désiré Wasselin, qui m'avait devancé, montait les degrés lentement en heurtant le
fond des marches, notre bruyante coutume. D'un bond, je fus sur lui. "Désiré, fis-je,
elle est là!" Il ne se trompa même pas une seconde sur le sens de cette phrase
mystérieuse. Il dit: "La lettre du Havre?"—"Oui. Je monte prévenir maman."

Georges Duhamel: *Le Notaire du Havre*, modified (George G. Harrap and Co Ltd)

1 Laurent, pourquoi s'arrêtait-il toujours chez la concierge?

    A   Sa mère lui avait dit d'être gentil envers elle

    B   Il cherchait le courrier

    C   Il voulait causer avec Madame Tesson

    D   Il aimait descendre dans la cour

    E   Il espérait recevoir des cartes postales

2 Il passait chez elle quelquefois l'après-midi, car

    A   il était toujours en vacances

    B   les lettres de la province arrivaient à ce moment-là

    C   personne n'était dans la loge

    D   il n'y avait pas de distribution le matin

    E   il était sûr de la trouver

3 Sortie de sa loge, Madame Tesson passait du temps à

    A   écouter les trains

    B   faire la cuisine

    C   nettoyer les tapis

    D   bavarder avec ses voisins

    E   attendre son jeune ami

4 Lorsqu'elle parlait à Laurent, la concierge avait l'air

    A   sympathique

    B   timide

    C   maussade

    D   agréable

    E   gentille

5 Elle disait au petit Laurent de ne pas s'arrêter chez elle, parce qu'elle

    A   ne voulait pas le recevoir

    B   attendait des visites du Havre

    C   n'avait rien à lui dire

    D   était seule au monde

    E   n'avait pas la lettre attendue

6 Pourquoi Laurent faillit-il s'évanouir?

    A   Il était fatigué à la fin du jour

    B   Il avait trop travaillé à l'école

C Il n'avait pas la force de monter l'escalier

D Il avait cru voir la lettre du Havre

E Il avait couru à toute vitesse

7 La porte de la loge de la concierge était fermée, car

   A Mme Tesson était sortie

   B c'était l'hiver

   C la nuit tombait déjà

   D le courrier était sur la table

   E la vitre était brisée

8 Où se trouvait la lettre précieuse?

   A Sur un rayon

   B Sur une petite table

   C Dans la vestibule

   D Dans le coin

   E Au-dessous du bec de gaz

9 Comment était la lettre?

   A L'enveloppe était sale

   B L'adresse était illisible

   C C'était une lettre recommandée

   D L'écriture était distinguée

   E C'était une lettre officielle

10 D'où venait-elle?

   A Du père de Laurent

   B D'une maison de commerce

   C De l'étude d'un notaire

   D De Ferdinand Pasquier

   E De Désiré Wasselin

11 Laurent s'excita parce que

   A sa mère lui avait dit de faire les commissions

   B Désiré montait sans lui

   C son frère avait reçu un certificat d'études

   D c'était bien une lettre du Havre

   E son ami avait sauté en bas de l'escalier

12 Où était Ferdinand?
    A Il était retourné à l'école
    B Il était toujours en classe
    C Il était dans l'escalier
    D Il était allé faire les courses
    E Il était chez la concierge

13 Désiré monta l'escalier
    A d'un bond
    B à toute vitesse
    C en faisant du bruit
    D suivi de Ferdinand
    E accompagné de Laurent

14 Laurent se précipita dans l'escalier pour
    A attraper son frère
    B devancer son camarade
    C chercher la concierge
    D saluer une amie
    E monter chez lui

15 Il était content, car il pourrait enfin
    A expliquer le mystère
    B lire la lettre
    C revoir sa mère
    D annoncer la bonne nouvelle
    E quitter Le Havre

20

Les deux hommes roulèrent jusqu'à l'héliport, à travers les rues désertes de Rotterdam. Peu soucieux d'être arrêté avec son colis compromettant, Hendryx conduisait très raisonnablement. Cette course les fit passer sous le pont de l'autoroute. Le club privé se situait plus loin, à l'écart. Ils s'en approchèrent.

—Arrête ta voiture et éteins les phares. Tu connais cet endroit?

—Comme ça. Il paraît que c'est très fréquenté en été, à condition d'avoir de l'argent.

Ils descendirent de la voiture, arrêtée le long d'un étang, et se dirigèrent vers la propriété. Puis, ils en firent le tour avec précaution. Elle était entourée d'une murette et constituée par de nombreux bungalows, autour d'un bâtiment principal: une sorte de longue villa en rez-de-chaussée. Ensuite il y avait des tennis et des garages pour les bateaux. A l'extrémité de la résidence centrale, apparaissait une lumière derrière un rideau tiré.

—Allons-y! ordonna Steimer.

Pendant un instant, il avait craint les aboiements d'un chien. Mais rien ne se passa. Les deux hommes se dirigèrent donc vers le bâtiment central, du côté opposé à celui de la fenêtre éclairée. Ils entrèrent, et Hendryx donna un coup de lampe. Ils étaient dans une grande salle de réunion, avec un bar. Ensuite, s'étendaient des salons et une salle de jeu.

Ils sortirent et se trouvèrent près d'un des bungalows. Bien que persuadé qu'une visite plus complète de l'ensemble ne pouvait guère donner de résultat, Steimer décida de poursuivre l'inspection.

—Tu fais tous les bungalows de droite et tu me rejoins à la voiture, ordonna-t-il.

Chacun dans la direction opposée, ils commencèrent donc leur visite. Au bout d'une dizaine de minutes, Steimer avait son opinion. Il n'y avait rien à trouver ici, et c'est ce qui expliquait pourquoi ils étaient aussi libres de leurs mouvements.

Persuadé de perdre du temps, il retourna donc à la voiture. Hendryx l'y rejoignit peu après.

—Personne, constata-t-il. A part le gardien qu'on peut interroger.

—Non. Par contre, tu peux te débarrasser de ton colis dans l'étang.

Hendryx déverrouilla le coffre de la voiture. Quelques instants plus tard, le corps de Linden s'enfonça dans l'eau.

—On rentre! ordonna Steimer.

Roger Faller: *Passage protégé*, modified (Éditions Fleuve Noir)

1   Hendryx, où conduisait-il sa voiture?
    A   Sur l'autoroute
    B   Sur un terrain privé
    C   Sur la route de Rotterdam
    D   Dans un héliport
    E   Dans la ville de Rotterdam

2   Pourquoi conduisait-il avec prudence?
    A   Il était toujours raisonnable
    B   Il ne voulait pas être arrêté
    C   Il n'aimait pas les rues désertes
    D   Il ne connaissait pas le chemin
    E   Il se souciait des piétons

3   Il voulait aller jusqu'à
    A   un pont
    B   une gare
    C   un club
    D   un port
    E   une jetée

4   Où se trouvait le club privé?
    A   A côté d'un phare
    B   Dans un endroit écarté
    C   Au centre de la ville
    D   Très loin de la voiture
    E   Près de l'autoroute

5   A quel endroit Hendryx arrêta-t-il l'automobile?
    A   Près d'un étang
    B   Devant le club privé
    C   Contre le mur
    D   A coté d'un garage
    E   Au bout de la route

6   Quels clients visitaient d'habitude ce club?
    A   Hendryx et son ami
    B   Les pilotes et les navigateurs

C Tous les marins

D Les gens riches

E La plupart des Hollandais

7 Où se trouvait la salle de réunion?

A Près de la murette

B Au premier étage

C Près du lac

D A l'extrémité du club

E Dans une longue villa

8 Une fois arrivés au club, les deux hommes

A pénétrèrent immédiatement dans le bâtiment principal

B entrèrent dans un des garages

C se dirigèrent vers un bungalow

D firent le tour de la propriété

E décidèrent de franchir le mur

9 En s'approchant de la ville Hendryx et Steimer furent guidés par la lumière

A des phares de l'auto

B des réverbères dans la rue

C d'une fenêtre éclairée

D d'une lampe électrique

E des bateaux sur l'étang

10 De quoi avaient-ils peur?

A De rencontrer un chien

B D'être découverts

C De recevoir un coup

D De trouver un adversaire

E De briser la fenêtre

11 Après être sortis du bâtiment central, les deux hommes

A entrèrent ensemble dans un bungalow

B passèrent dans la salle de jeu

C s'étendirent dans un salon

D firent la visite de tous les bungalows

E se trouvèrent dans un bar

12 Steimer décida

  A de visiter les bungalows de gauche

  B de retourner tout de suite à la voiture

  C d'attendre quelques moments

  D de poursuivre le gardien

  E d'aller chercher son ami

13 Pourquoi Steimer arriva-t-il le premier à la voiture?

  A Il était venu de la direction opposée

  B Il prenait toujours toutes les décisions

  C Il ne voulait pas être en retard de dix minutes •

  D Il avait dit à Hendryx de l'y rejoindre

  E Il était convaincu qu'on perdait du temps

14 Hendryx, quelle nouvelle annonça-t-il?

  A Il n'avait vu qu'une seule personne

  B Il avait pu causer avec le gardien

  C Il avait perdu son temps

  D Il avait pris part à une interrogation

  E Il avait trouvé un colis

15 Steimer ordonna à Hendryx d'ouvrir le coffre de la voiture parce qu'il voulait

  A y mettre un colis

  B se débarrasser de leur victime

  C voir ce qu'il avait là-dedans

  D sortir leurs valises

  E y prendre une bouteille d'eau

21

L'année scolaire s'acheva sans incident notable. Fontanet se mit à élever des chenilles dans son pupitre. Alors j'en élevai aussi par amour-propre, bien qu'elles me fissent horreur. Fontanet haïssait les exercices d'après le manuel d'un M. Coquempot, cette haine nous réunit. Fontanet me confia que, si l'on faisait encore du Coquempot en huitième, il s'engageait comme mousse sur un grand navire. Cette résolution me plut et je promis à Fontanet de m'engager avec lui. Nous nous jurâmes amitié.

Le jour de la distribution des prix, nous étions méconnaissables, Fontanet et moi. Cela tenait, sans doute, à ce que nous étions peignés. Nos vestes neuves, nos pantalons blancs, l'affluence des parents, l'estrade ornée de drapeaux, tout cela m'inspirait l'émotion des grands spectacles. Les livres et les couronnes formaient un amas éclatant, dans lequel je cherchais anxieusement à deviner ma part, et je frissonnais sur mon banc. Mais Fontanet, plus sage, n'interrogeait pas la destinée. Il gardait un calme admirable. Tournant dans tous les sens sa petite tête de furet, il remarquait les nez difformes des pères et les chapeaux ridicules des mères, avec une présence d'esprit dont j'étais incapable.

La musique éclata. Le directeur parut sur l'estrade au côté d'un général en grand uniforme et à la tête des professeurs. Je les reconnus tous. Ils prirent place, selon leur rang, derrière le général : d'abord le sous-directeur, puis les professeurs des hautes classes ; puis M. Schuwer, professeur de chant ; M. Trouillon, professeur d'écriture, et le sergent Morin, professeur de gymnastique. M. l'abbé Jubal parut le dernier et s'assit tout au fond sur un pauvre petit tabouret qui, faute de place, ne posait que trois pieds sur l'estrade et crevait la toile de la tente avec le quatrième. Encore M. l'abbé Jubal ne put-il garder cette humble place. Des nouveaux venus le repoussèrent dans un coin où il disparut sous un drapeau. On mit une table sur lui et ce fut tout. Fontanet s'amusa beaucoup de cette suppression. Mais moi, j'étais confondu qu'on laissât ainsi dans un coin, comme une canne ou un parapluie, cette personne qui représentait pour moi Dieu sur la terre.

Anatole France : *Le Livre de Mon Ami*, modified (Basil Blackwell, Oxford)

1   Le petit garçon admirait Fontanet parce que celui-ci
    A   était bien connu
    B   élevait sans peur des chenilles
    C   faisait volontiers tous les exercices
    D   donnait un coup de main à M. Coquempot
    E   était en neuvième

2   Qu'est-ce qui réunit les deux petits garçons?
    A   Leur amour de la mer
    B   Leur peur des bêtes
    C   Leur enthousiasme pour le travail
    D   Leur haine du professeur
    E   Leur détestation d'un livre scolaire

3   A l'idée d'être obligé de continuer, l'année suivante, les mêmes exercices,
    Fontanet dit
    A   qu'il se ferait marin
    B   que son camarade devrait les faire aussi
    C   qu'il s'en irait dans la forêt
    D   que ce serait pour la huitième fois
    E   qu'il injurierait le professeur

4   Les deux camarades, pourquoi avaient-ils l'air si différent le jour de la distribu-
    tion des prix?
    A   Ils portaient des vestes blanches
    B   Ils s'étaient peignés pour une fois
    C   Leurs pantalons étaient neufs
    D   Leurs parents étaient devenus riches
    E   Ils étaient émus tous les deux

5   L'ami de Fontanet, pourquoi était-il préoccupé?
    A   Il désespérait de voir ses parents
    B   Il devenait de plus en plus troublé
    C   Il se demandait s'il recevrait un prix
    D   Il avait peur de tomber du banc
    E   Il s'inquiétait de son camarade

6   Comment Fontanet se montra-t-il sage?
    A   Il resta calme

B Il se moqua des parents
C Il regarda de tous côtés
D Il fourra son nez partout
E Il eut la tête qui tournait

7 Qui marcha à le tête de la procession?
   A Un groupe de professeurs
   B Un officier tout seul
   C Le général accompagné du directeur
   D La musique du régiment
   E Le sergent Morin

8 Que faisait d'habitude le sergent?
   A Il faisait manœuvrer les soldats
   B Il était de service dans l'armée
   C Il jouait dans la musique du régiment
   D Il enseignait la gymnastique
   E Il montait la garde

9 Comment les personnages montèrent-ils sur l'estrade?
   A Tous ensemble
   B Selon leur importance
   C Avant le directeur
   D A la file indienne
   E Au pas gymnastique

10 Qui est-ce qu'on voyait au deuxième rang?
   A M. l'abbé Jubal
   B Le sous-directeur
   C Le directeur
   D Fontanet et son ami
   E Les hautes classes

11 Pourquoi M. l'abbé Jubal ne se trouvait-il pas bien à l'aise?
   A Il était assis devant le sous-directeur
   B Il était là par erreur
   C Il ne savait où mettre ses pieds
   D Il restait debout sur l'estrade
   E Il n'y avait pas assez de place pour lui

88

12 Pourquoi M. l'abbé Jubal ne vit-il pas beaucoup de la cérémonie?

    A   Il faisait déjà nuit à son arrivée

    B   Il s'était trompé de route

    C   Il n'avait pas dressé sa tente

    D   Il n'avait pas baissé le pavillon

    E   Il était caché sous une table

13 Sur l'estrade M. l'abbé Jubal ne garda pas sa place, car

    A   on hissa un drapeau

    B   l'heure du dîner approcha

    C   on le repoussa dans un coin

    D   tout le monde se mit à table

    E   il dut raccommoder la toile crevée

14 Lorsque M. l'abbé Jubal disparut, l'ami de Fontanet

    A   se sentit troublé et honteux

    B   eut envie de rire

    C   trouva cela très amusant

    D   se mit dans un coin

    E   chercha son parapluie

15 Celui que l'ami de Fontanet respectait le plus, c'était

    A   le sergent

    B   M. l'abbé

    C   le directeur

    D   le général

    E   le professeur de chant

22

Pierre Servettaz, pour l'instant apprenti hôtelier, aimait la montagne et sa plus grande joie était de faire des ascensions dans le massif du Mont-Blanc. Son père, Jean Servettaz, était, à quarante-cinq ans, considéré comme le meilleur des guides de la nouvelle génération, mais il avait jusque-là mis tous ses soins à éloigner son fils de la montagne. "Pierre sera hôtelier, disait-il fréquemment, ça rapporte plus et ça risque moins!"

En prévision de ce jour, il avait déjà haussé d'un étage, pendant les loisirs de la morte-saison, le vieux chalet deux fois centenaire qu'il possédait aux Moussoux, juste au-dessus de Chamonix . . .

Pierre avait donc suivi jusqu'à l'âge de vingt-deux ans, la route que lui traçait son père. Voulant tout connaître du métier de ceux qu'il aurait un jour à commander, il avait été successivement comptable à Paris, caissier à Lugano, aide-cuisinier à Londres, chasseur à Berlin, réceptionnaire à Innsbruck, allant de stage en stage, apprenant consciencieusement, parlant déjà couramment trois langues étrangères. Fils obéissant—en Savoie on ne conteste pas l'autorité paternelle,—il se préparait avec succès à diriger, plus tard, la pension de famille qu'il aurait charge de faire grandir et prospérer . . .

A vrai dire, il pensait sans enthousiasme à ce que serait sa vie future; il enviait les gars du pays qui, d'un bout à l'autre de l'année, mènent la vie libre et périlleuse de guide. Il sentait confusément qu'il y avait dans cette profession quelque chose de noble . . .

Pour l'instant, son amour de la montagne était encore purement physique: un besoin d'action et de détente. Mais son père était guide; son grand-père, son arrière-grand-père avaient conduit des générations de voyageurs dans les Alpes de Savoie, et aussi loin qu'on cherchait en remontant le passé on ne trouvait que des Servettaz montagnards, contrebandiers, chasseurs de chamois . . . Lui seul, pour la première fois allait s'éloigner, sans le vouloir il est vrai, du destin de sa race.

. . . "Mais je ne pourrais pas vivre dans la plaine, constatait-il, j'ai besoin de la montagne, pourquoi? . . ." Il fallait un événement particulier pour le révéler à lui-même et lui dicter ce que serait désormais sa vie.

Roger Frison-Roche: *Premier de Cordée*, modified (George G. Harrap and Co Ltd)

1   A l'avis de son père, le jeune Pierre Servettaz devait se faire

    A   guide

    B   liftier

    C   hôtelier

    D   masseur

    E   porteur

2   Jean Servettaz disait que si Pierre apprenait le métier qu'il avait choisi,

    A   il connaîtrait mieux la montagne

    B   il lui en dirait des nouvelles

    C   il serait riche à quarante-cinq ans

    D   il courrait moins de risques

    E   il pourrait faire beaucoup d'ascensions

3   Le père du jeune Servettaz faisait tout son possible pour

    A   devenir le meilleur des guides de Chamonix

    B   décourager son fils de suivre la même carrière que lui-même

    C   obliger Pierre à quitter à jamais la maison paternelle

    D   se faire hôtelier au lieu de guide

    E   s'éloigner des montagnes de Savoie

4   Le chalet de Jean Servettaz

    A   n'avait qu'un seul étage

    B   était plusieurs fois centenaire

    C   donnait sur la ville de Chamonix

    D   servait de station météorologique

    E   était bâti en pierre mousseuse

5   Jean avait agrandi le chalet pour

    A   en faire une pension de famille pour Pierre

    B   faire passer ses heures de loisir

    C   pouvoir vivre près de Chamonix

    D   le rendre plus de deux fois plus grand

    E   y faire bientôt sa retraite

6   A l'âge de vingt-deux ans, Pierre

    A   suivait toujours son père dans la montagne

    B   continuait à suivre les conseils de Jean

C   pensait qu'il avait déjà tout appris
D   s'amusait à la chasse au chamois
E   aidait sa mère à faire la cuisine

7   Pierre avait déjà tenu les comptes d'un hôtel
A   en Suisse
B   en Autriche
C   en Angleterre
D   en France
E   en Allemagne

8   Lorsqu'il travaillait à Berlin, Pierre
A   était en livrée
B   allait au théâtre
C   suivait des cours
D   allait à l'Opéra
E   s'adonnait à la chasse

9   De quoi devait-il être responsable à l'avenir?
A   De loger et nourrir des touristes
B   D'établir des cours de langue
C   De fournir de l'argent à son père
D   De s'occuper du bien-être des guides
E   De tracer la route

10   Pierre aurait préféré être
A   acteur
B   commissaire
C   guide
D   banquier
E   fonctionnaire

11   Pourquoi ne suivait-il pas la carrière de son choix?
A   Il avait déjà son hôtel à lui
B   Il était trop paresseux
C   Il n'était pas très intelligent
D   Il ne savait que faire
E   Il ne voulait pas désobéir à Jean

12 Pourquoi admirait-il le travail des guides dans les montagnes?

    A   Il voulait le faire lui-même

    B   Il adorait la liberté

    C   Il aimait à faire des ascensions

    D   Il sentait en lui un besoin d'action

    E   Il y trouvait une certaine noblesse

13 Tous les aïeux de Pierre

    A   avaient connu des pays lointains

    B   avaient aimé le passé

    C   avaient mené une vie libre

    D   avaient été contrebandiers

    E   avaient guidé des touristes

14 De quelle façon avait-il consenti à mener une vie si différente de celle de ses aïeux?

    A   Sans hésitation

    B   A contre-cœur

    C   Avec empressement

    D   De bon cœur

    E   Avec joie

15 Grâce aux stages qu'il avait faits loin de chez lui, Pierre avait constaté

    A   qu'il n'était pas doué pour les langues

    B   que son père ne l'aimait pas

    C   que les gars de son pays étaient moins heureux que lui

    D   qu'il ne pourrait pas rester loin de la montagne

    E   que la vie des guides serait trop dure pour lui

23

Le jeudi ma tante Lucie me conduisait jusqu'à la grève voisine de la petite ville de Bretagne où nous habitions. C'était presque une heure de marche. J'aimais surtout l'endroit où la route longeait la rivière qui se jetait dans la baie. Arrivés à la grève, nous n'étions pas sûrs de trouver la mer; souvent elle ne formait à l'horizon qu'une barre d'un bleu-vert un peu plus foncé que le ciel . . . Chemin faisant, nous rencontrions des charrettes attelées à des ânes plus souvent qu'à des chevaux. Une fois nous rencontrâmes des bohémiens qui tenaient un ours en laisse. Ma tante leur donna quelques sous pour qu'ils le fissent danser; ils nous dirent qu'ils allaient s'arrêter un peu plus loin, à la courbe de la route, et quand nous fûmes arrivés là, ils avaient déjà disparu. Ma déception fut vive . . . Ma tante n'en fut pas trop surprise . . .

Au retour nous nous arrêtions toujours à mi-hauteur de la côte très raide de Trévenec'h. Sur un banc de pierre nous nous asseyions pour la collation (ainsi était appelé le goûter) composée de pain beurré et de chocolat. Le port s'étendait sous nos yeux. J'admirais, venus de Norvège avec leurs charges de bois, les svelte trois-mâts. Les vapeurs anglais, au ventre plein de charbon, me plaisaient moins; il y avait aussi des steamers qui faisaient le service avec Jersey. Tout était calme autour de nous . . . Ma tante me parlait et je lui parlais . . .

J'appris plus tard qu'elle avait décliné deux ou trois demandes en mariage; que l'une d'elles l'avait pourtant touchée et qu'elle l'aurait reçue favorablement—peut-être—si son frère, mon oncle Alfred, qu'elle avait consulté, ne lui avait répondu: "Reste avec moi, continue à m'aider dans mon entreprise, tu verras, nous vieillirons ensemble tous les deux, en amis." Un an plus tard, il se mariait. Le regard de ma tante était resté le même. Je revois ses yeux gris en même temps que ces flaques d'eau de mer au creux des rochers, sur lesquelles je me penchais à marée basse; et j'avais beau scruter leur eau grise et verte, je n'y voyais rien . . .

Jean Grenier: *Les Grèves*, modified (Gallimard)

1 Où se trouvait cette petite ville?

   A En Grande-Bretagne

   B En France

   C En Norvège

   D En Angleterre

   E Dans une des îles Anglo-Normandes

2 Le jeudi la tante Lucie et son neveu faisaient une promenade

   A en bateau

   B à pied

   C à cheval

   D à dos d'âne

   E en auto

3 Les deux compagnons allaient

   A à un port de pêche

   B en ville

   C à la rivière

   D à la montagne

   E au bord de la mer

4 Le neveu, quelle partie de la promenade aimait-il le mieux?

   A La grève voisine de sa ville

   B La route le long de la rivière

   C La vue de la mer

   D Le petit chemin montant

   E Le sable à marée basse

5 Les deux compagnons voyaient souvent

   A d'autres promeneurs

   B les vagues de la mer

   C une barre turquoise

   D un ciel bleu foncé

   E un horizon indistinct

6 Où rencontraient-ils des charrettes?

   A Dans un petit chemin

   B Sur la grève

C Sur la côte

D Sur la route

E Dans un champ

7 Les charrettes étaient tirées le plus souvent par

A des bohémiens

B des ânes

C des chevaux

D des ours

E des chemineaux

8 En regardant l'ours, la tante Lucie demanda aux bohémiens de

A le bien tenir

B le lui laisser

C le faire danser

D l'attacher

E le promener

9 Après avoir reçu des sous les bohémiens

A s'arrêtèrent un peu plus loin

B firent danser l'ours

C laissèrent passer les chevaux

D disparurent au tournant de la route

E gardèrent leur promesse

10 Où est-ce que la tante et son neveu prenaient un repas?

A Au port

B Sur la côte

C Assis sur un banc

D Dans un restaurant

E Près d'un rocher

11 Le neveu admirait surtout

A les bateaux à voiles

B les vapeurs

C les paquebots

D les steamers

E les cargos

12 Quelle était la cargaison des bateaux norvégiens?

    A Du beurre

    B Du pain

    C Du chocolat

    D Du bois

    E Du charbon

13 Pourquoi la tante Lucie ne se maria-t-elle pas?

    A Elle avait reçu trois demandes

    B On le lui avait défendu

    C Elle se laissa persuader par son frère

    D Elle voulait consulter son oncle

    E Elle avait promis d'aider son père

14 Son frère Alfred lui annonça

    A qu'ils vieilliraient ensemble

    B qu'elle devait continuer à marcher

    C qu'il l'aiderait lui-même

    D qu'il valait mieux rester à la maison

    E qu'il allait consulter le médecin

15 Qu'est-ce qui n'avait pas changé?

    A Le visage fermé de Lucie

    B L'indifférence du neveu

    C La marée basse

    D L'attitude des mariés

    E L'eau des flaques

24

Étant, de toute évidence, un garçon d'avenir, sérieux, parfaitement capable de devenir un jour sous-directeur, le jeune Vittorio Scognamiglio, après deux ans passés derrière les guichets d'une banque à Aversa, sa ville natale, avait été envoyé en stage au siège central de la banque à Rome, afin d'y être initié aux secrets de la haute finance.

Nous ne nous attarderons pas à décrire son bonheur. Bien que Vittorio fût un employé sérieux, capable, apprécié par ses chefs, il avait, jusque-là, vécu chez ses parents et, en quelque sorte, dans leur ombre. Ce n'était pas qu'il en souffrît . . . Le cinéma tous les samedis, le café le dimanche après-midi, voilà qui lui suffisait. Pour le reste, il passait très bien ses soirées entre son père et sa mère, en été sur le pas de la porte, à causer avec les voisins ou à regarder les voitures qui allaient à Naples; en hiver, à lire ou à ranger sa collection de timbres-poste, régulièrement enrichie par les soins d'un de ses oncles, steward à bord d'un paquebot . . . Non, Vittorio n'en souffrait pas.

Mais enfin, on a beau dire, la liberté, c'est autre chose . . . A l'arrivée à Rome, sous l'immense verrière de la gare Vittorio n'était plus un jeune homme. Quelque chose de l'âme aventureuse de son oncle venait de se réveiller en lui. Superbe, il prit un taxi, le premier de sa vie. Ce taxi, c'était l'adieu à sa jeunesse.

Le jour même, il s'occupa de trouver une chambre meublée. La première qu'il visita ne lui plut pas: la propriétaire, visiblement, était bavarde et indiscrète. La deuxième ne lui plut pas davantage: à trois heures de l'après-midi, la propriétaire était encore en peignoir. Il loua enfin la troisième . . .

Ses affaires rangées, il sortit, impatient de voir les beautés de la capitale. Il ne les vit pas, s'étant trompé d'autobus et étant arrivé dans un quartier peu intéressant . . . Il dîna de deux sandwiches dans un bar et rentra chez lui. Sa chambre était immergée dans le silence. Un moment, Vittorio regretta les paisibles commentaires de sa mère, les colères de son père . . .

Félicien Marceau: *Le Timbre-poste*, modified (Methuen: Anthologie de Contes et Nouvelles Modernes)

1 Au commencement de cette histoire Vittorio était

   A   guichetier

   B   financier

   C   sous-directeur

   D   employé

   E   chef

2 C'était un jeune homme

   A   souffrant

   B   grave

   C   parfait

   D   sans ambition

   E   retardataire

3 Pour poursuivre sa carrière Vittorio

   A   prit le train d'Aversa

   B   travailla deux ans comme cheminot

   C   devint stagiaire à Rome

   D   entra dans la finance

   E   s'enregistra dans un centre d'apprentissage

4 Pendant qu'il demeurait chez ses parents, Vittorio se trouvait

   A   sans soucis

   B   désordonné

   C   peu apprécié

   D   surestimé

   E   éclipsé

5 Quels étaient ses intérêts?

   A   Il visitait le cinéma une fois par semaine

   B   Il allait tous les après-midi au café

   C   Il consacrait les samedis au travail

   D   Il suivait un régime suffisant

   E   Il passait les soirées avec ses parents

6 Que faisait-il en été?

   A   Il marchait à grands pas dans la rue

   B   Il se mettait à l'ombre

    C   Il faisait des promenades en auto

    D   Il se reposait tous les soirs

    E   Il faisait la causette avec les voisins

7   En hiver Vittorio passait son temps à

    A   soigner ses maladies

    B   faire de la lecture

    C   regarder des bateaux modèles

    D   s'occuper de son oncle

    E   distribuer ses timbres

8   L'oncle de Vittorio

    A   travaillait à bord d'un bateau

    B   avait fait fortune

    C   n'avait pas de travail régulier

    D   était facteur

    E   conduisait une voiture

9   Qu'est-ce qui comptait le plus pour Vittorio?

    A   La beauté

    B   La liberté

    C   La jeunesse

    D   Le courage

    E   L'orgueil

10   Comment Vittorio montra-t-il son indépendance?

    A   Il sortit précipitamment de la gare

    B   Il se réveilla tout seul

    C   Il osa prendre un taxi

    D   Il dit adieu à son oncle

    E   Il s'aventura dans la ville

11   Qu'est ce qu'il se mit à chercher?

    A   Ses parents

    B   Des meubles

    C   Une verrière

    D   Une chambre meublée

    E   Un peignoir

12 Quand Vittorio voulut louer une chambre,

    A il dut aller chez trois personnes

    B il bavarda avec la propriétaire

    C on lui révéla des secrets

    D il pleuvait à verse

    E il sortit sans se coiffer

13 Après avoir loué une chambre, Vittorio

    A rangea ses affaires

    B alla voir ses amis

    C regarda la vue

    D se coucha enfin

    E sortit tout de suite

14 Vittorio ne vit pas de beaux monuments, car il

    A se trompa de route

    B ne connaissait pas le quartier

    C ne s'y intéressait pas

    D ne trouva pas d'autobus

    E fut trempé jusqu'aux os

15 Pourquoi Vittorio était-il triste?

    A Il n'avait pas dîné

    B Il n'y avait pas de bar

    C Il n'aimait pas le bruit

    D Il lui manquait la conversation de ses parents

    E Il ne supportait pas les disputes

25

Le samedi soir, Antoine quitta l'hôpital à sept heures et se fit servir à dîner dans un restaurant voisin, pour n'avoir pas à prendre son repas en famille. Dès huit heures, il pénétrait, seul et joyeux, dans son nouvel appartement au rez-de-chaussée de la maison paternelle. Il devait y coucher, ce soir-là, pour la première fois. Il eut plaisir à faire jouer sa clef dans sa serrure, à claquer sa porte derrière lui; il alluma l'électricité partout et commença, à petits pas, une promenade à travers son royaume. Il s'était réservé le côté donnant sur la rue: deux grandes pièces et un cabinet. La première était peu meublée; quelques vieux fauteuils autour d'une petite table ronde; ce devait être un salon d'attente, lorsqu'il aurait à recevoir des clients. Dans la seconde, la plus grande, il avait fait descendre les meubles qu'il possédait dans l'appartement de son père: sa large table de travail, sa bibliothèque, ses deux fauteuils de cuir, et tous les objets témoins de sa vie laborieuse de médecin. Dans la petite pièce, qui contenait un lavabo et une penderie, il avait fait mettre son lit.

Ses livres étaient empilés par terre, dans le vestibule, près de ses malles non ouvertes. Le calorifère de la maison donnait une douce chaleur, les ampoules neuves jetaient sur tout leur lumière crue. Antoine avait devant lui une longue soirée pour prendre possession. Comme il se sentait tranquille! Sa solitude lui paraissait savoureuse! La glace de la cheminée le reflétait à mi-corps. Il s'en approcha non sans vanité. Il avait une manière à lui de se regarder dans les glaces, et toujours de face, avec un regard dur qu'il plongeait dans ses yeux. Il voulait ignorer son torse trop long, ses jambes courtes, ses bras grêles, et sur ce corps mince, presque petit, la disproportion d'une tête trop forte, dont la barbe augmentait encore le volume. Il se voulait, il se sentait, un homme vigoureux et musclé.

"Commençons par les livres," se dit-il, en retirant sa veste, et en ouvrant avec énergie les deux battants de la bibliothèque vide.

Roger Martin du Gard: *Jacques Thibault*, modified (Gallimard)

1   Antoine, où mangea-t-il ce soir-là?
    A   Dans l'hôpital
    B   Chez un voisin
    C   Dans son appartement
    D   Dans un restaurant
    E   Chez son père

2   Pourquoi était-il si content?
    A   Il avait enfin son propre appartement
    B   Il avait bien dîné
    C   Il allait visiter sa famille
    D   Il avait quitté l'hôpital à sept heures
    E   Il avait reçu une bonne nouvelle

3   Qu'est-ce qu'il allait faire pour la première fois?
    A   Faire claquer la porte de la maison
    B   Se promener sur la chaussée
    C   Passer la nuit dans son nouvel appartement
    D   S'offrir une partie de plaisir
    E   Jouer de son instrument favori

4   Une fois entré dans son appartement, Antoine
    A   alla se coucher
    B   traversa toutes les pièces
    C   coupa le courant
    D   tourna la clef dans la serrure
    E   ferma doucement la porte

5   Son "royaume", c'était
    A   la maison paternelle
    B   son nouveau chez lui
    C   la rue principale
    D   son cabinet de consultation
    E   une seule pièce

6   Où avait-il fait installer la petite table ronde?
    A   Dans la première pièce
    B   Dans la petite pièce

C Près de la bibliothèque

D Devant ses fauteuils de cuir

E Au premier étage

7 La première pièce devait être un salon d'attente, parce qu'Antoine

A avait reçu quelques vieux fauteuils

B attendait l'arrivée de quelques vieux amis

C n'y avait pas encore mis ses meubles

D n'avait pas le temps de s'en occuper

E comptait recevoir un jour des clients chez lui

8 La petite pièce allait lui servir de

A bureau

B chambre

C vestibule

D salon

E bibliothèque

9 Les fauteuils de cuir appartenaient à

A Antoine

B son père

C un autre médecin

D un client

E un collègue

10 Les livres d'Antoine se trouvaient

A dans la penderie

B dans ses malles

C sur le parquet

D dans la bibliothèque

E près du calorifère

11 On avait chaud dans cet appartement, car

A les ampoules étaient neuves

B il faisait un temps doux

C on avait allumé l'électricité

D on avait le chauffage central

E les portes étaient fermées

12 Antoine appréciait surtout
    A   la douce chaleur
    B   le silence profond
    C   le mobilier neuf
    D   la lumière vive
    E   la solitude agréable

13 Antoine regarda dans la glace
    A   le manteau de la cheminée
    B   la partie supérieure de son corps
    C   ses jambes trop courtes
    D   ses paupières mi-closes
    E   son menton sans barbe

14 Antoine avait
    A   les yeux doux
    B   la barbe épaisse
    C   les bras forts
    D   le corps musculeux
    E   la taille haute

15 Antoine retira sa veste pour
    A   s'étendre dans un fauteuil
    B   se mettre à lire
    C   ranger ses livres
    D   vider la bibliothèque
    E   monter ses malles

26

L'horloge n'avait pas sonné onze heures lorsque Jean fila sur la route illuminée. Le vent le poussait, de sorte qu'il pédalait sans effort, dans une sorte d'ivresse calme, dans la certitude qu'aucune force au monde ne l'empêcherait jamais d'accomplir ce qu'il avait une fois résolu. Il verrait sa mère cette nuit.

Il allait vite et bientôt traversa le brouillard épais près du fleuve, à l'endroit où la route se creuse, un peu avant les premières maisons de Vallandraut. Alors il perdit d'un coup son optimisme. Il imagina l'auberge déjà barricadée. Que dirait-il pour expliquer sa venue, pour faire réveiller sa mère? Tant pis: il lui dirait qu'il était malade à la pensée de ne pas la revoir. En pleine nuit, dans une auberge, sa mère ne pourrait protester bien fort à cause du scandale; et il l'attendrirait, oui, il finirait bien par l'attendrir; en tout cas il ne céderait pas à la rage.

Il atteignit enfin la place: l'hôtel était encore éclairé. Il appuya son vélo au mur, entra dans le bar et demanda une bouteille de limonade à une grosse fille somnolant sur une chaise, près du comptoir désert. Elle répondit de mauvaise grâce qu'il était trop tard, que l'hôtel devrait être fermé déjà, qu'on ne servait plus de consommations après onze heures. Alors il posa la question qu'il avait préparée: la comtesse de Mirbel se trouvait bien à l'hôtel? il était porteur d'un message urgent.

—La comtesse? Quelle comtesse?

La fille méfiante crut à une farce. Elle dit qu'elle avait autre chose à faire que d'écouter des histoires et que lui aussi, à son âge, il ferait mieux de rentrer chez lui.

—Mais, voyons, vous avez bien une dame ici (il songea qu'elle n'avait peut-être pas donné son nom), une dame blonde, avec un canotier, un tailleur gris . . .

—Avec un tailleur, répéta la fille, et une voilette à pois et une belle valise, qu'elle avait laissée ici en garde . . .

Jean, impatienté, l'interrompit: où était sa chambre?

—Sa chambre? Mais elle n'a pas couché ici. Elle est venue simplement prendre son bagage . . . C'est à Balauze qu'elle couche, insista la fille. J'ai porté un télégramme ce matin à l'adresse de l'hôtel Garbet pour retenir une chambre.

François Mauriac: *La Pharisienne*, modified (George G. Harrap and Co Ltd)

1 Jean était parti à bicyclette pour
   A aller à la pêche
   B chercher sa mère
   C accomplir un devoir
   D se donner de la force
   E faire une course

2 Pourquoi filait-il sans effort?
   A Il avait trop bu
   B La route était bien éclairée
   C Le vent le faisait avancer .
   D Il était par tempérament paresseux
   E La nuit était très calme

3 A quel moment commença-t-il à s'inquiéter?
   A En s'apercevant du brouillard
   B Après avoir traversé le fleuve
   C Juste avant son arrivée à Vallandraut
   D A la vue de l'hôtel
   E A son entrée dans le chemin creux

4 Pourquoi n'était-il plus optimiste?
   A Il s'était perdu en route
   B Sa mère n'était pas venue à sa rencontre
   C Il se sentait tellement malade
   D Il croyait que l'auberge serait fermée
   E Le brouillard était trop épais

5 Qu'est-ce qu'il allait dire à sa mère pour expliquer son arrivée?
   A Il y avait un scandale
   B Il ne pouvait plus attendre
   C · Il avait une protestation à faire
   D Il souffrait d'une maladie quelconque
   E Il voulait tellement la revoir

6 Après avoir atteint la place, pourquoi était-il content?
   A Il n'y avait personne dans le bar
   B L'hôtel n'était pas fermé

    C   Le comptoir était désert

    D   On lui offrit à boire

    E   Il pouvait enfin s'endormir

7 Qu'est-ce qu'il demanda tout d'abord à la fille dans le bar?

    A   Puis-je laisser là mon vélo?

    B   C'est vous qui faites le service?

    C   Suis-je en retard?

    D   Vous avez de la limonade?

    E   Avez-vous une chambre à louer?

8 Il voulait parler à

    A   un porteur

    B   un messager

    C   une jeune fille

    D   un hôtelier

    E   une parente

9 Il tenait à savoir si

    A   sa mère était dans l'hôtel

    B   la comtesse était malade

    C   la fille était du même âge que lui

    D   la serveuse aimait à écouter des histoires

    E   l'on serait bien dans cet hôtel

10 Comment était la serveuse?

    A   Agréable

    B   Soupçonneuse

    C   Affairée

    D   Gracieuse

    E   Amusante

11 Quel conseil la serveuse donna-t-elle à Jean?

    A   Ne buvez pas trop

    B   Lisez cette histoire

    C   Retournez chez vous

    D   Amusez-vous bien

    E   Faites-le de bonne grâce

12 La serveuse fit savoir à Jean que sa mère
    A   avait passé chez le tailleur
    B   était venue prendre sa valise
    C   avait voulu faire du canotage
    D   était montée dans sa chambre
    E   s'était couchée tard

13 La mère de Jean avait demandé à la serveuse
    A   de l'accompagner à un hôtel différent
    B   de porter ses bagages à la gare
    C   d'aller au bureau de poste
    D   de s'adresser à son fils
    E   de lui retenir une chambre

14 La comtesse de Mirbel allait passer la nuit
    A   dans sa propre maison
    B   dans l'auberge de Vallandraut
    C   chez son fils
    D   à bord d'un bateau à voiles
    E   dans l'hôtel Garbet

15 Dans cette histoire Jean se montra
    A   irritable
    B   inquiet
    C   rageur
    D   indifférent
    E   farceur

27

L'idée de ma mère n'était pas mauvaise.

Elle rencontrait souvent au marché la femme de M. le Directeur . . . Ma mère, timide et menue, la saluait discrètement de loin. Mais comme pour ses enfants elle était capable de tout, elle commença par accentuer son salut, se rapprocha peu à peu, et finit par frôler la main de Mme la Directrice dans un panier de pommes de terre. Celle-ci, qui avait le cœur bon, lui déconseilla l'achat de ces tubercules, qu'elle déclara touchés par la gelée, et la conduisit chez une autre marchande. Deux jours après, elles faisaient leur marché ensemble, et la semaine suivante, Mme la Directrice l'invita à venir boire chez elle une tisane anglaise qu'on appelait du thé.

Mon père ignorait tout de cette conquête, et il fut bien surpris quand il lut, sur le tableau de service, une décision de M. le Directeur : ce chef tout-puissant avait décrété que lui, mon père, serait désormais chargé de la surveillance du jeudi matin, mais qu'en échange, les professeurs de chant et de gymnastique se chargeraient de ses élèves le lundi matin, ce qui lui donnait sa liberté jusqu'à une heure et demie.

Comme les hommes ne comprennent rien aux intrigues féminines, il n'aurait jamais rien su de la vérité, si M. Arnaud—qui savait toujours tout parce qu'il connaissait fort bien la bonne de M. le Directeur—ne l'en avait informé pendant une récréation.

Alors se posa pour lui un problème : devait-il remercier son chef ? Il déclara à table qu'il ne le ferait pas, parce que ce serait reconnaître que M. le Directeur avait bouleversé "l'emploi du temps" d'une école publique pour la commodité d'un maître.

—Et pourtant, disait-il perplexe, il faudrait tout de même trouver quelque chose . . .

—Rassure-toi, j'y ai pensé, dit ma mère en souriant . . . J'ai envoyé un beau bouquet de roses à madame la directrice.

—Ho ho ! dit-il surpris . . . Évidemment, elle a l'air très sympathique . . . Mais je me demande comment elle va prendre la chose . . .

—Elle l'a très bien prise.

—Tu lui as parlé ?

—Bien sûr ! Nous faisons notre marché ensemble tous les jours, et elle m'appelle Augustine.

Marcel Pagnol : *Le Château de ma Mère*, modified (George G. Harrap and Co Ltd)

1   La mère de l'enfant qui s'appelait Marcel
    A   était de nature timide
    B   allait rarement au marché
    C   aimait à se faire remarquer
    D   avait des idées peu pratiques
    E   était souvent indiscrète

2   Pour mettre son idée à exécution elle devait
    A   ne plus aller au marché
    B   prendre un air timide
    C   faire plus ample connaissance de Mme la Directrice
    D   tenir ses distances en tout temps
    E   saluer plus discrètement la femme du directeur

3   Elle parla pour la première fois à Madame la Directrice
    A   à l'école où travaillait son mari
    B   en route pour le marché
    C   devant un étalage de légumes
    D   avant d'avoir eu son idée
    E   en la saluant de loin

4   La mère de Marcel toucha la main de Madame la Directrice
    A   tout en la saluant au marché
    B   quand elles tâtaient toutes les deux des légumes
    C   en l'aidant à porter son panier
    D   parce qu'il faisait froid ce jour-là
    E   puisqu'elles étaient déjà amies

5   La femme du directeur
    A   se montra peu sympathique
    B   dit que les pommes de terre n'étaient pas bonnes
    C   ne dit rien du tout à la mère de Marcel
    D   acheta tout de suite les pommes de terre
    E   lui parla sur un ton froid

6   L'amitié des deux femmes se développa
    A   peu à peu
    B   avec peine

    C   lentement

    D   involontairement

    E   rapidement

7 Huit jours plus tard

    A   elles commencèrent à faire leur marché ensemble

    B   les pommes de terre étaient touchées par la gelée

    C   Marcel les conduisit chez une marchande de pommes

    D   elles prirent une tisane chez la mère de Marcel

    E   elles burent du thé chez Madame la Directrice

8 La décision de M. le Directeur fut publié

    A   lundi matin

    B   dans un journal scolaire

    C   jeudi après-midi

    D   sur un tableau

    E   dans un journal local

9 Sa décision fut une belle surprise pour

    A   le père de Marcel

    B   Mme la Directrice

    C   la mère des enfants

    D   le chef

    E   les écoliers

10 Par suite du décret de M. le Directeur, le père de Marcel

    A   se chargerait désormais des cours de chant

    B   échangerait une heure de chant contre une heure de gymnastique

    C   allait en effet avoir des week-ends plus longs avec sa famille

    D   n'aurait personne à surveiller le jeudi

    E   ne pourrait pas rentrer tard le lundi matin

11 La mère de Marcel avait lié amitié avec la femme du directeur

    A   parce qu'elle était naturellement bavarde

    B   pour lui tenir compagnie en faisant son marché

    C   parce qu'elle n'avait pas beaucoup de connaissances

    D   parce que la femme du directeur, elle aussi avait des enfants

    E   pour solliciter une faveur du directeur dans l'intérêt de sa famille

12 Qui raconta au père de Marcel l'histoire de l'intrigue de sa femme?

  A   La domestique du directeur
  B   La mère de Marcel
  C   Un de ses collègues
  D   Son chef
  E   Un de ses élèves

13 Le père de Marcel, pourquoi n'allait-il pas remercier le directeur lui-même?

  A   Il avait peur de lui parler
  B   Il trouvait cela peu discret
  C   Il n'était pas reconnaissant envers lui
  D   Il se sentait bouleversé
  E   Il avait trop de problèmes

14 Comment le problème se résolut-il?

  A   Le père de Marcel changea d'avis
  B   On en trouva une solution commode à l'école
  C   On invita le directeur à dîner
  D   La femme du directeur reçut des fleurs
  E   Un autre maître d'école remercia le directeur

15 La femme du directeur avait reçu son bouquet

  A   de la main de sa nouvelle amie
  B   sans vouloir le prendre
  C   l'air perplexe
  D   sur la place du marché
  E   avec grand plaisir

28

Le rapport des deux experts fut concis. Ils constataient que la veuve Le Garrée était parfaitement saine d'esprit . . . Les accès de colère qu'on lui attribuait dans un récent passé s'expliquaient par la révolte naturelle d'un caractère énergique contre un traitement indigne d'un être normal . . .

La délivrance de la dame Le Garrée fut ordonnée presque tout de suite. Nous allâmes ensemble, l'administrateur et moi, chercher cette pauvre femme . . . La brave Mme Le Garrée pleurait de joie. Elle consentit à peine à nous laisser prendre et porter jusqu'à la voiture ses deux valises. Le directeur de la clinique privée, les mains derrière le dos, ne rompait le silence que par stricte nécessité.

Je pensai à lui demander, en montrant les deux valises:

—Est-ce que tout est bien là-dedans? Que sont devenus les objets personnels de Mme Le Garrée? son porte-monnaie en particulier? et l'argent qu'il contenait?

Le directeur leva les bras avec agacement, et dit:

—J'ai remis au fils de Mme Le Garrée tout ce qu'elle avait apporté avec elle, sauf, bien entendu, les objets qui lui étaient nécessaires pour son habillement et sa toilette. Voici l'inventaire qui avait été dressé.

La mention du porte-monnaie figurait sur l'inventaire avec celle de la somme qu'il contenait: deux mille huit cent quinze francs. D'autres objets de mince valeur, et dont Mme Le Garrée n'avait pas l'usage pour le moment, y étaient énumérés, comme un trousseau de clefs, des gants de fil, etc . . .

Nous conduisîmes Mme Le Garrée à une petite pension de famille du quartier Monceau, que je me trouvais connaître, et où nous lui avions retenu une chambre. Les effusions de gratitude qu'elle nous prodiguait en devenaient gênantes.

—Mais où est mon cousin, le docteur Plouënnec? s'écriait-elle. C'est à lui que je dois le plus. Je veux absolument le remercier.

Le médecin breton avait été obligé de regagner sa Bretagne quelques jours plus tôt. Son poste décidément le réclamait. Nous dîmes ce qu'il en était à la dame Le Garrée. Pour la consoler nous rédigeâmes sur-le-champ un télégramme à son cousin, où elle annonçait que sa libération venait d'avoir lieu, et le couvrait d'affectueux remerciements.

Jules Romains: *Un Grand Honnête Homme*, modified (George G. Harrap and Co Ltd)

1 Pourquoi, selon les experts, Mme Le Garrée avait-elle eu des accès de colère?
   A   Elle n'avait plus de mari
   B   Elle était de nature rebelle
   C   Elle avait l'esprit déséquilibré
   D   Elle était parfaitement saine d'esprit
   E   Elle avait été traitée camme une aliénée

2 La révolte de Mme Le Garrée était
   A   étonnante
   B   normale
   C   inexplicable
   D   indigne
   E   inexcusable

3 Qu'est-ce qui se passa à la suite du rapport des deux experts?
   A   On recommença le traitement
   B   La dame s'indigna d'autant plus
   C   On remit le rapport à Mme Le Garrée
   D   On autorisa la libération de la veuve
   E   Les experts revinrent ensemble à la clinique

4 Qui alla chercher Mme Le Garrée?
   A   Les deux experts
   B   Deux amis
   C   Son mari
   D   Une femme pauvre
   E   Le directeur

5 Lorsqu'elle vit ceux qui vinrent la chercher, Mme Le Garrée
   A   leur ordonna de s'en aller
   B   se laissa porter jusqu'à la voiture
   C   demanda à voir le directeur
   D   les laissa enfin porter ses valises
   E   mit les mains derrière le dos

6 Au moment du départ
   A   Mme Le Garrée avait les yeux baignés de larmes
   B   le directeur vint prendre ses valises

    C   tout était silencieux

    D   c'est le directeur qui parla le premier

    E   il fallut rapporter les valises

7 Lorsqu'on demanda si Mme Le Garrée avait bien toutes ses affaires avec elle,

    A   le directeur fit allusion à une liste d'objets

    B   le directeur leva les bras sans mot dire

    C   Mme Le Garrée dit que son fils avait emporté son argent

    D   on alla chercher ses objets personnels

    E   Mme Le Garrée entendit bien tout ce qu'on disait

8 Mme Le Garrée avait gardé tout le temps

    A   son porte-monnaie

    B   son argent

    C   son trousseau de clefs

    D   ses gants

    E   ses objets de toilette

9 Les amis de Mme Le Garrée la conduisirent

    A   chez un médecin

    B   chez eux

    C   à une chambre louée

    D   chez son cousin

    E   à la demeure de son fils

10 Arrivée à sa destination, Mme Le Garrée

    A   fondit en larmes

    B   se trouva mal à l'aise

    C   reconnut le quartier

    D   demanda où se trouvait son cousin

    E   voulut absolument retenir une chambre

11 Le cousin de la dame était à ce moment

    A   en voyage

    B   au parc Monceau

    C   en Angleterre

    D   avec sa famille

    E   dans son pays

12 Qui, à l'avis de Mme Le Garrée, l'avait aidée le plus?

    A   L'administrateur

    B   Le médecin breton

    C   Le docteur de la clinique

    D   Son fils

    E   Les experts

13 Le cousin de Mme Le Garrée travaillait

    A   à Paris

    B   dans la pension

    C   en Bretagne

    D   à la clinique

    E   dans le quartier

14 Pourquoi le docteur Plouënnec était-il parti?

    A   Il ne voulait pas revoir Mme Le Garrée

    B   Il avait dû retourner à son poste

    C   Il était allé remercier l'administrateur

    D   Il devait une grosse somme à la dame

    E   Il était en vacances à la campagne

15 Le télégramme disait que

    A   le docteur devait retourner à Paris

    B   les clients du docteur le réclamaient

    C   Mme Le Garrée voulait voir son cousin

    D   Mme Le Garrée n'était plus à la clinique

    E   Mme Le Garrée serait bientôt en Bretagne

29

Il était midi et demi quand le taxi les déposa, le commissaire Maigret et l'inspecteur Janvier, en face de la gare de Juvisy, et ils pénétrèrent tout d'abord au *Restaurant du Triage*, un restaurant banal, avec une terrasse qu'entouraient des lauriers plantés dans des tonneaux peints en vert . . .

—Dites-moi, patron, vous ne connaissez pas ce type-là?

Et l'espèce de boxeur en manches de chemise qui opérait derrière le comptoir de zinc examinait la photographie truquée du mort, l'éloignait de ses yeux qui devaient être mauvais, appelait:

—Julie! . . . Viens ici un instant . . . C'est le type d'à côté, n'est-ce pas?

Sa femme s'essuyait les mains à son tablier de toile bleue, saisissait avec précaution la photographie.

—Bien sûr que c'est lui! . . . Mais il a une drôle d'expression, sur cette photo-là . . .

—On peut manger, chez vous?

—Naturellement, qu'on peut manger . . . Qu'est-ce que vous voulez? . . . Du rôti de porc avec des lentilles? . . . Il y a du bon pâté de campagne pour commencer.

Ils déjeunèrent à la terrasse . . . De temps en temps le patron venait faire un brin de conversation avec eux.

—On vous renseignera mieux chez mon voisin, qui a des chambres . . . Nous, nous ne faisons pas hôtel . . . Il doit y avoir un mois ou deux que votre type est descendu chez lui . . .

Une demi-heure plus tard, Maigret, toujours flanqué de Janvier, pénétrait à l'*Hôtel du Chemin de fer*, qui comportait un restaurant tout pareil à celui qu'ils venaient de quitter, sauf que la terrasse n'était pas encadrée de lauriers et que les chaises en fer étaient peintes en rouge au lieu d'être peintes en vert.

Le patron, à son comptoir, était en train de lire à haute voix un article de journal à sa femme et à son garçon de café . . . La photo du mort s'étalait en première page . . .

—C'est votre locataire?

Un coup d'œil méfiant.

—Vous êtes de la police?

—Oui . . . Vous avez sa fiche?

Très digne, pour montrer qu'il n'avait rien à cacher, le patron alla chercher son registre qu'il tendit au commissaire: "Ernest Combarieu . . . né à Marsilly, par La Rochelle (Charente-Maritime), coupeur de bois, venant de Libreville, Gabon (A.-É.F.)."

Georges Simenon: *Le client le plus obstiné du monde*, modified (Presses de la Cité, Paris)

1 Le commissaire Maigret commença son enquête
   A   dans un taxi parisien
   B   à la gare de Juvisy
   C   à la terrasse d'un café
   D   derrière des lauriers
   E   dans un restaurant

2 Le restaurant du Triage
   A   n'avait rien d'extraordinaire
   B   était peint en vert
   C   avait des tables en forme de tonneaux
   D   était d'un abord difficile
   E   était entouré d'une terrasse

3 Les officiers de police
   A   admirèrent les plantes
   B   s'assirent dans le jardin
   C   traversèrent la terrasse
   D   se cachèrent derrière les arbres
   E   s'arrêtèrent près des lauriers

4 Maigret entama la conversation en disant :
   A   Je vous connais depuis longtemps
   B   Je vous ai reconnu tout de suite
   C   Vous êtes un drôle de type
   D   Vous êtes bien le patron, n'est-ce pas ?
   E   Vous avez déjà vu cet homme, non ?

5 Le mari de Julie était un homme solide, car
   A   il s'appuyait sur le comptoir
   B   sa vue baissait
   C   il s'était fait opérer
   D   avait la voix faible
   E   avait l'air d'un boxeur

6 Le patron du restaurant, comment savez-vous qu'il n'était plus jeune ?
   A   Il était bien musclé
   B   Il faisait marcher un truc derrière le zinc

C Il était en manches de chemise
D Il éloignait la photo pour mieux voir
E Il ne reconnut pas l'inspecteur

7 La photographie que Maigret montrait au patron
    A représentait un restaurateur
    B était celle d'un mort
    C était méconnaissable
    D ne fut pas reconnue par le patron
    E avait paru sur une page de journal

8 Après avoir regardé la photo, le patron
    A la mit de côté
    B dit qu'il n'avait jamais vu l'homme
    C retroussa les manches de sa chemise
    D crut que sa femme voudrait se faire photographier
    E fit venir Julie

9 Au moment où son mari l'appela, Julie
    A mettait son tablier
    B était en train de travailler
    C crut voir le voisin
    D se tenait tout près de lui
    E se frottait les yeux

10 Selon Julie, l'homme de la photo
    A était un mauvais type
    B avait l'air amusant
    C était trop sûr de lui
    D habitait chez le voisin
    E mangeait souvent à ce restaurant

11 Pendant le déjeuner Maigret et son collègue apprirent
    A qu'on mangeait bien à la campagne
    B que le mari de Julie avait un hôtel
    C que le voisin avait des chambres à louer
    D que le patron se renseignerait chez le voisin
    E qu'ils pourraient prendre du rôti

12 La terrasse de l'Hôtel du Chemin de fer

    A avait des chaises rouges et vertes

    B était située loin de la gare

    C était plus grande que celle du premier restaurant

    D n'avait pas de lauriers

    E n'avait pas de chaises en fer

13 Qui lisait le journal?

    A Un locataire

    B La femme du patron

    C Un garçon de café

    D Un cheminot

    E Le propriétaire

14 Le patron de l'hôtel

    A était peu bavard

    B s'emporta

    C avait détruit la fiche

    D cacha le registre

    E tendit la main

15 Juste avant de venir à Juvisy, le locataire défunt avait travaillé

    A dans son village natal

    B dans un port de France

    C dans la forêt de la côte

    D en Afrique

    E à Marseille

30

C'est pourtant à Regents Park, sous le soleil d'avril, que Douglas rencontra Frances. Cette rencontre n'est toutefois pas tellement surprenante: Douglas partageait avec la jeune fille l'amour de ce parc fleuri. Probablement s'y étaient-ils déjà maintes fois croisés, sans prendre garde l'un à l'autre. Pourquoi ce matin-là en fut-il autrement?

Sans doute à cause de la brume et du soleil. La silhouette de Frances penchée sur les jonquilles était un peu fantomatique, mais assurément charmante. Elle était tête nue, et ses cheveux d'un blond minéral brillaient de façon assourdie dans le brouillard. Douglas distinguait assez mal les traits du visage, il eut envie de les connaître. Il s'arrêta. La jeune fille releva la tête et crut voir une véritable éclipse de soleil: un visage à contre-jour, tout noir dans l'ombre, entouré de flammes couleur de cuivre que le vent agitait. Elle ne put s'empêcher de sourire. Douglas prit ce sourire pour sa personne; et il ressentit à son égard de la reconnaissance pour ce sourire et une grande chaleur de cœur pour sa beauté. Et puis ce sourire l'encourageait. Il dit:

—Quelles merveilleuses fleurs!

Mais Frances comprit fort bien qu'il voulait dire: "Quel joli visage!" . . . Elle sourit encore, mais cette fois c'était de gentillesse et d'amitié. Elle dit:

—Vous les aimez?

Il s'approcha d'elle et s'assit sur la pelouse, jambes croisées, et la regarda. "Énormément", dit-il, mais elle s'écria:

—Vous allez vous enrhumer!

Il se releva d'un bond en disant: "Vous êtes gentille" et il retira son imperméable et l'étendit. Il s'assit sur un bout; elle s'assit tout naturellement sur l'autre. Il sourit jusqu'aux oreilles et déclara:

—C'est vraiment une chance!

Elle leva les sourcils.

—De nous être rencontrés, dit-il. Il y a de ces jours admirables: le soleil, les fleurs, et le sourire de jeunes filles.

—J'ai vingt-neuf ans, vous savez, dit-elle (elle en avait trente).

—Vous en paraissez la moitié.

Elle rit sans se forcer, elle se sentait joyeuse. Une barque passa devant eux, avec une grosse dame que traînait un jeune garçon, agrippé aux avirons trop lourds.

—Je n'ai rien à faire jusqu'à midi, hasarda Douglas. Et vous?

Vercors: *Les animaux dénaturés*, modified (Albin Michel)

1   Douglas et Frances se trouvaient souvent à Regents Park
    A   parce que c'était le printemps
    B   parce que le parc était plein de fleurs
    C   parce qu'ils aimaient à s'y promener
    D   parce qu'ils étaient en croisière sur la Tamise
    E   parce qu'il faisait du soleil

2   Lorsque Douglas vit Frances, celle-ci
    A   portait une robe fleurie
    B   avait les bras croisés
    C   s'égarait dans la brume
    D   se penchait sur des fleurs
    E   cherchait des jonquilles

3   La silhouette de Frances était
    A   tout ensoleillée
    B   nettement dessinée
    C   peu attrayante
    D   masquée par les jonquilles
    E   un peu indistincte

4   Douglas voyait bien les cheveux de Frances, car
    A   elle était sans chapeau
    B   elle était blonde
    C   le soleil brillait
    D   le brouillard s'était dispersé
    E   le teint était assourdi

5   Douglas avait les cheveux
    A   noirs
    B   blonds
    C   plats
    D   roux
    E   peignés

6   Au moment où Frances aperçut le jeune homme
    A   le vent tourna
    B   le ciel se fit noir

    C   elle eut un sourire

    D   une éclipse se produisit

    E   elle agita les bras

7 Douglas s'arrêta devant Frances

    A   pour lui exprimer sa gratitude

    B   pour l'encourager un peu

    C   pour regarder les jonquilles

    D   pour voir son visage de près

    E   pour s'abriter du vent

8 Quand Frances sourit pour la première fois, Douglas

    A   rougit jusqu'aux oreilles

    B   crut qu'elle se moquait de lui

    C   pensa qu'il lui plaisait

    D   commença à s'agiter

    E   se sentit mal à l'aise

9 Douglas dit à Frances

    A   qu'elle lui plaisait beaucoup

    B   qu'elle avait un joli visage

    C   qu'il aimait les jonquilles

    D   qu'il la reconnaissait

    E   que les fleurs étaient magnifiques

10 Frances dit à Douglas qu'il allait s'enrhumer

    A   parce qu'elle avait elle-même un rhume de cerveau

    B   parce qu'il était assis par terre

    C   parce qu'il n'avait pas de manteau

    D   parce que, malgré le soleil, il faisait froid

    E   parce qu'elle ne voulait pas se mettre près de lui

11 Avant de s'asseoir à nouveau, Douglas

    A   bondit comme un chevreau

    B   croisa les jambes

    C   sourit jusqu'aux oreilles

    D   mit son manteau

    E   ôta son imperméable

12 Lorsque Douglas étendit son imperméable sur la pelouse, Frances

    A leva les sourcils

    B le remercia de sa gentillesse

    C se mit à bouder

    D s'assit à côté de lui

    E sourit jusqu'aux oreilles

13 Frances était

    A une très jeune fille

    B âgée de plus de trente ans

    C moins jeune qu'elle ne dit

    D une dame forte

    E une fillette souriante

14 Frances et Douglas voyaient passer devant eux

    A un jeune homme qui n'avait rien à faire

    B une femme qui ne faisait rien

    C un chien qui se faisait entendre

    D un garçon qui s'entraînait

    E un poids lourd qui avançait sans effort

15 Frances et Douglas s'étaient rencontrés

    A au jardin zoologique

    B à un carrefour

    C près d'une pièce d'eau

    D dans le parc à midi

    E au bord de la Seine